DENTRO DE CASTANEDA

CÓMO INTERPRETAR A CARLOS CASTANEDA

PETER LUCE

Traducido por
PAZ CABO

PETER LUCE

Copyright © 2017 by Peter Luce

All rights reserved.

No part of this book may be reproduced in any form or by any electronic or mechanical means, including information storage and retrieval systems, without written permission from the author, except for the use of brief quotations in a book review.

Dedicado a Sri, Komang, Alex and Tommy

ÍNDICE

Agradecimientos — vii
Obras publicadas por Castaneda — ix

1. La madre de Pablito — 1
2. ¿Por qué leer a Castaneda? — 5
3. Las Plantas de Poder — 23
4. El Poder Universal — 37
5. Con don Juan en el Desierto — 49
6. Empujando al otro yo por un acantilado — 65
7. Encontrar al otro yo de nuevo — 83
8. Soñando Juntos — 97
9. Capullos y Filamentos — 113
10. Conservadores y Liberales — 129
11. Perdido en un Sueño — 139
12. Descenso en Los Angeles — 163
13. Una conclusión Yaqui — 175
14. El abuelo y Antoine — 181
15. Doce libros, treinta años — 191

Referencias — 203
Acerca del Autor — 205

AGRADECIMIENTOS

Mi agradecimiento a la Editora, Leslie Caplan; al Consultor y Corrector, Paul Greenway; Corrector español, Cels Cardona; y al Diseñador, Sri Luce Rusna.

OBRAS PUBLICADAS POR CASTANEDA

Libro 1
Castaneda, Carlos. 1968. Las Enseñanzas de Don Juan: Un Camino Yaqui de Conocimiento (*The Teachings of Don Juan: A Yaqui Way of Knowledge*)

Libro 2
Castaneda, Carlos. 1971. Una realidad aparte: Nuevas Conversaciones con Don Juan (*A Separate Reality: Further Conversations with Don Juan*)

Libro 3
Castaneda, Carlos. 1972. Viaje a Ixtlán: Las Lecciones de Don Juan (*Journey to Ixtlan: The Lessons of Don Juan*)

Libro 4
Castaneda, Carlos. 1974. Relatos de Poder (*Tales of Power*)

Libro 5
Castaneda, Carlos. 1977. El Segundo Anillo de Poder (*The Second Ring of Power*)

Libro 6

Castaneda, Carlos. 1981. El Don del Águila (*The Eagle's Gift*)

Libro 7

Castaneda, Carlos. 1984. El Fuego Interno (*The Fire from Within*)

Libro 8

Castaneda, Carlos. 1987. El Silencio Interno (*The Power of Silence*)

Libro 9

Castaneda, Carlos. 1993. El Arte de Ensoñar (*The Art of Dreaming*)

Libro 10

Castaneda, Carlos. 1998. Pases Mágicos (*Magical Passes*)

Libro 11

Castaneda, Carlos. 1998. La Rueda del Tempo (*The Wheel of Time*)

Libro 12

Castaneda, Carlos. 1999. El Lado Activo del Infinito (*The Active Side of Infinity*)

Capítulo 1
LA MADRE DE PABLITO

Si quieres estar preparado para entender a Carlos Castaneda, presta atención a este episodio. Según Castaneda ocurrió realmente. Nunca habló de una fecha exacta pero debió acontecer en algún momento del año 1974 o 1975.

Acababa de publicar su cuarto trabajo, *Cuentos de Poder*. En las últimas páginas se describió a sí mismo saltando por un precipicio, una acción que significaba el fin de su aprendizaje con el hechicero don Juan. Pero después de escribir el libro, se sintió confuso y pensó en regresar a México para descubrir lo que realmente le había ocurrido.

Decidió ir primero a casa de Pablito. Pablito, su compañero aprendiz, había estado con él en la meseta aquel día de 1973. Y, cualquiera cosa que hubiera sucedido, ambos lo vivieron juntos.

Llegó sobre el mediodía. Condujo todo el camino rodeando la villa para evitar que le vieran. Pero algo parecía diferente, pensó. El sendero se ensanchaba ahora hacia una carretera y condujo hacia arriba, hasta el patio delantero. La casa tenía una fachada nueva y un perro enorme estaba sentado delante.

La madre de Pablito, doña Soledad, salió por la puerta. La habían apodado "Señora Pirámide" en honor a su gran trasero y la forma puntiaguda de su cabeza. Pero ahora vio a una mujer delgada y bien formada, ¡parecía veinte años más joven! Ella le saludó directamente, apoyó sus manos en las caderas y se paró frente a él, mostrándose, exudando el poder de una joven, con un brillo en sus ojos. Puso audazmente su brazo entre los suyos y sintió su pecho empujando contra él mientras caminaban desde su coche.

Le informó que Pablito se había marchado por unos días. Cuando le preguntó sobre don Juan, le aseguró que se había marchado para siempre y que nunca volvería. Dijo que don Juan le había dado instrucciones para el momento en que Castaneda regresara; después le invitó a entrar en su cuarto.

Castaneda estaba asustado y deseaba marcharse, pero siguió a Soledad a su cuarto. *"Tú y yo somos iguales"*, dijo ella, y se sentó al borde de la cama. Cuando vio que no respondía, se puso en pie, levantó su falda y se acarició el pubis. "¡Tú y yo somos uno aquí! ¡Sabes muy bien lo que debes hacer!". A pesar de sentirse preocupado, Castaneda no podía mirar hacia otro lado, sólo admirar su cuerpo fresco y juvenil.

Decidió que lo mejor era salir de allí, así que se disculpó y se dirigió a su coche. Abrió el baúl para sacar algunos regalos que quería dejarle. Cuando se inclinó, sintió una garra enorme y peluda que sujetaba fuertemente la parte posterior de su cuello.

Gritó y cayó al suelo. Doña Soledad se encontraba tan sólo a unos pocos metros de distancia, encogiéndose de hombros con una apologética media sonrisa. Castaneda se preguntaba cómo podía haber sido tan estúpido para regresar de nuevo a México y caer en un "abismo sin fondo".

Ella se movió a trompicones y le sujetó, apretando los dientes. Entonces él la pateó y la tiró sobre el coche, pero ella agarró su pie con firmeza. Cayeron al suelo y el enorme perro se unió a la pelea.

Castaneda corrió hacia el interior y cerró la puerta con pestillo; escuchó al perro atacar a la chillona de Doña Soledad. De repente, se dio cuenta de la estupidez cometida, como si estuviera "huyendo de un contrincante común que podía ser fácilmente bloqueado cerrando una puerta". Ahora estaba encerrado en la casa mientras la bruja y su perro estaban entre él y su coche.

Dejó a Soledad en la casa, sangrando y desgarrada, y gritando lo que "aquél perra hijo de puta" le había hecho. Se dirigió hacia el coche. Se sentó en el asiento del conductor, encendió el motor y puso la marcha atrás. Se volvió para mirar por encima del hombro y se encontró cara a cara con el perro, chasqueando y babeando.

Apenas pudo escapar de nuevo al tejado del coche. Se deslizó alrededor, intentando atraer al animal fuera de una puerta para poder saltar por la otra. Soledad observaba desde la casa, riendo, desnuda por encima de la cintura. Castaneda logró hacer una pausa en ese momento y se dio cuenta de que sus pechos "temblaban con las convulsiones de su risa". Castaneda era un mujeriego y ella estaba jugando con él. Así que regresó a la casa.

Doña Soledad le dijo que era inútil intentar escapar, así como para ella retenerlo allí. Ambos fueron llevados juntos con un propósito y ninguno podría marcharse hasta que concluyera. Para calmarle, le prometió explicarse con sinceridad y responder honestamente a cualquier cosa que él preguntara.

En su habitación, Castaneda sacó su libreta y empezó a escribir. Entonces ella le contó la historia de su vida y su historia con don Juan. Le preguntó sobre los otros aprendices, hombres y mujeres, quiénes estaban y qué pensaban de él. La charla continuó durante cinco o seis horas, hasta que oscureció demasiado para tomar notas.

Cuando anocheció, ella preparó dos bañeras tibias de agua perfumada y se lavaron el uno al otro. El baño le hizo sentirse adormecido y agitado. Y después se vio acostado sobre ella. Sabía el peligro que corría, pero sentía que algo muy fuerte le retenía allí.

Castaneda recordó las palabras de don Juan: *"nuestro gran enemigo es el hecho de que nunca creemos lo que nos pasa"*. Se percató lentamente de que doña Soledad había envuelto su pelo alrededor de su cuello y le ahogaba "con gran fuerza y pericia".

Capítulo 2

¿POR QUÉ LEER A CASTANEDA?

Los famosos libros de Carlos Castaneda que versan sobre su aprendizaje de brujería con don Juan se han considerado generalmente parte del movimiento contracultural de la década de 1960. Cuando escuchamos el nombre de Castaneda, pensamos en los temas de aquellos tiempos: rebelión, derechos civiles, libertad de expresión, la revolución sexual, la conciencia en uno mismo, la espiritualidad de la nueva era, Woodstock, hippies y, por supuesto, la marihuana, el LSD y otras drogas psicodélicas.

Los primeros escritos de Castaneda trataban sobre el peyote, las setas y otras "plantas de poder". Aquel enfoque contribuyó en gran medida a su éxito a finales de los sesenta y a principios de los setenta en Estados Unidos. Sus libros se sumaron a las obras populares de Aldoux Huxley, Timothy Leary, Ken Kesey y otros escritores de ese particular género. Para ellos, el LSD y otras drogas psicodélicas proporcionaban a la humanidad un medio para abrir las puertas de la percepción y expandir su conciencia hacia un futuro más luminoso lleno de paz y amor. Hubo también un movimiento dirigido a las religiones orientales esotéricas, especialmente el Hinduismo y el Budismo con sus tradiciones de meditación y yoga que prometían una gran paz interior. Los Beatles se convirtieron en los cantantes más famosos del mundo relacionados con estos temas, y parecía que resumían estas intenciones cuando cantaban "todo lo que necesitas es amor" - "All you need is love."

Pero al final, Castaneda no se refería a ello en absoluto. Como muestra el episodio del primer capítulo, su exotismo no era tranquilo y calmado, ni siquiera cómo en un extraño Alicia en el país de las maravillas. Era más oscuro y peligroso, bordeando la locura a veces, siempre disparatado pero todavía de alguna manera convincente. Con Castaneda no era un viaje despreocupado hacia un futuro maravilloso a través de la expandida conciencia. Era parecido a pasar como un rayo y luego ser lanzado a un lugar peligroso en algún sitio, solo. Un sitio en el que no tienes ni idea de dónde estás ni recuerdas de dónde vienes. Si sobrevives, aprendes algo.

Se le ha relacionado también con los libros de autoayuda que triunfaron en la década de los sesenta y setenta. El trabajo de Castaneda ha sido ampliamente malinterpretado en este sentido. Tras el éxito de sus libros, aparecieron un gran número de trabajos escritos por otros autores promoviendo supuestamente tradiciones de americanos nativos sobre curación, salud y bienestar espiritual. En realidad, Castaneda decía que el yo debería abreviarse y suprimirse, dejarlo tal cual y mejorarlo. Para él la principal característica del hombre moderno era una preocupación excesiva por la autocompasión y la autopresentación y constituía el reto más importante al que debería enfrentarse la humanidad para sobrevivir y seguir adelante.

Estas interpretaciones erróneas obstaculizan la forma de ver y comprender lo que en realidad escribió en su obra, que abarca hasta 12 libros publicados durante 30 años, entre 1968 y 1998.

También hay cuestiones de honestidad académica, periodística y literaria planteados en su obra. A lo largo de su vida, afirmó, de forma insostenible, que sus libros eran autobiográficos, que realmente conoció a don Juan, que le prepararon para ser un hechicero y que él mismo era un hechicero dirigiendo a un grupo de cohortes en la búsqueda de la brujería moderna. Estos son auténticos problemas para Castaneda y, además, irresolubles. Es por ello que nos resulta tan complicado penetrar en su narrativa. Necesitamos encontrar una solución a este problema, aunque no sea demostrable, así que debemos volver a este tema y estudiar su obra.

¿Quién era verdaderamente Carlos Castaneda?

Según sus libros, Carlos Castaneda fue un estudiante de antropología en la universidad de UCLA que realizó repetidos viajes al Suroeste de Estados Unidos para "recopilar información sobre las plantas medicinales utilizadas por los indios de la zona" durante los años 60.

Allí conoció a Juan Matus, también conocido como "don Juan", un indígena yaqui de 70 años que no solo conocía las hierbas medicinales como el peyote y la datura, sino que también era un hechicero con raíces en el chamanismo y magia tradicional con origen en México Central hace más de 8000 años.

Los hechiceros originarios del antiguo México habían

sido desplazados por grupos de conquistadores en tiempos pasados y luego llevados hasta el punto de su extinción por los invasores españoles y la Inquisición. Su brujería tradicional evolucionó durante miles de años en algo más moderno. Don Juan tenía un grupo de dieciséis compañeros que perseguían esta forma moderna y se llamaban a sí mismos los "nuevos videntes".

Castaneda se convirtió en su aprendiz y pasó trece años aprendiendo su brujería en México y luego otros veinticinco años tratando de establecer su propio grupo de brujería entre México y Los Ángeles. Escribió doce libros describiendo sus aventuras y explicando su formación. Murió en 1998.

Según el relato de Castaneda, los dieciséis hechiceros que lo entrenaron para convertirse en un nuevo vidente usaron un método de enseñanza que heredaron de la antigüedad. Utilizaron una forma de conciencia a la que llamaron la "segunda atención".

Aprendiendo en la segunda atención es similar a estar bajo hipnosis o ciertos tipos de anestesia. Los viejos maestros podían inducir este estado en Castaneda, como un hipnotizador que hipnotiza a un paciente. Mientras Castaneda estaba en ese estado, a la que también llamaron "conciencia elevada", se sentiría increíblemente lúcido y totalmente sugestionable.

Mientras Castaneda estaba en conciencia elevada, sus maestros podían enseñarle todos los secretos ancestrales de la hechicería y él entendería de inmediato lo que le habían enseñado. Ese aprendizaje sería fielmente almacenado en algún lugar de su mente o cuerpo, pero cuando se completara su lección, debería ser sacado de la conciencia elevada y regresar a la normalidad.

Una vez vuelve a la normalidad después de estar sujeto a la hipnosis, se olvida de todo lo sucedido durante la hipnosis, y al igual los pacientes anestesiados que están conscientes durante su operación, también acaban por no recordar nada. Un estudiante a quien se le enseña en la mayor conciencia también acaba olvidando todo cuando vuelve a la conciencia normal. No solo olvida lo que aprendió, sino que también olvida que estaba en ese estado alterado y quién estaba con él. Al final, acaba perdiendo la pista de ese segmento de tiempo en su vida.

Castaneda dice que es imposible aprender completamente sobre la brujería mientras estamos en nuestro estado mental normal. Demasiado va en contra del sentido común y la racionalidad. En nuestro estado mental normal, podemos aceptar conceptos de hechicería de una manera teórica solamente, lo que no hace que el conocimiento sea útil para nosotros, excepto como tema de conversación.

En los primeros cinco libros de Castaneda, él solo conoce y habla acerca dos maestros de brujería: don Juan y su asistente don Genaro. Pero había dieciséis ancianos responsables de su aprendizaje desde el principio hasta el final. Usaron su habilidad para manipular la conciencia elevada de modo que Castaneda, en su estado mental normal, nunca tuviera conocimiento de catorce de sus maestros. Le enseñaron todo lo que necesitaba para aprender a dominar su sistema de conocimiento y luego le hicieron olvidarlo, incluido el hecho que había estado con ellos.

Le dejaron con la tarea de recordarlos y recordar todas las enseñanzas por su cuenta, para así reclamar el conocimiento como su propio poder personal. Este tipo de recuerdo es similar a la recuperación de acontecimientos perdidos desde la primera infancia a través de la psicoterapia. Según los hechiceros que siguen las tradiciones de don Juan, esto se hace a través de especial técnicas de sueño.

Castaneda dijo que necesitó más de 20 años para recordar la mayoría de lo que le habían enseñado, pero no todo. Durante ese tiempo, escribió doce libros compuestos por sus recuerdos directos combinados con sus recuerdos emergentes, a medida que se iba recuperando progresivamente.

En las primeras etapas, don Juan le dió plantas alucinógenas para comer y fumar, para sacarlo de su condición letárgica inicial, pero esta era solo una parte muy pequeña de la experiencia general de Castaneda. Mientras escribía sus primeros dos libros, supuso que su experiencia con las plantas era primordial, y así también lo hicieron los lectores que solo leían sus primeros libros.

Para entender lo que dijo Castaneda en estos 12 libros, -él tenía un mensaje coherente que era complejo y consistente a todos los niveles- yo lo enfocaría por diversos caminos. Revisaré los libros uno por uno y los fecharé. Tomando nota de la cronología de eventos históricos y literarios y cómo se entrelazan entre ellos, será más fácil comprender lo que ocurrió. Recapitularé algunas de las historias que él contó e introduciré algunos de los principales personajes para educar rápidamente a los nuevos lectores y recordar sus obras a sus antiguos seguidores. Entonces, esclareceré su filosofía subyacente y mostraré que hay una estructura completamente consistente de conceptos que atraviesan los 12 libros desde el comienzo hasta el final.

No sería efectivo explicar simplemente la filosofía de Castaneda en un ensayo. Si lo intentara, la explicación sería algo como esto: Castaneda dice que la primera atención debe ser consciente de la segunda atención recordándola -así tienes acceso a la totalidad de tu ser y tu conciencia-. Pero probablemente no sobrevivirías al intento.

Es más efectivo contarlo paso a paso en una historia. Esto es lo que hizo Castaneda, intentó explicar la manera en que le revelaron estos aprendizajes. Por lo que puedo decir, nadie lo ha "conseguido" todavía. A Castaneda le llevó 30 años y 12 libros relatarnos su viaje a través de estas enseñanzas. Él al principio no lo entendió, ni siquiera a mitad de proceso y posiblemente hay partes equivocadas hasta el final. Y mientras tanto confundió a sus lectores y probablemente a sí mismo también, con su vida personal y sus actividades. Pero todo está en los libros. Sólo necesita condensarse en una revisión literaria crítica.

* * * * *

Yo tuve un encuentro cercano con Castaneda. En una fría noche en Filadelfia, en 1969 o 1970 estaba paseando por una sala de conferencias de mi universidad con algunos amigos. Alguien dijo, *"Carlos Castaneda está allí dando una conferencia. Debe estar ya casi terminada"*. Yo tenía una ligera idea de quién era. Había leído algunas reseñas de su primer libro y recordé que tenía algo que ver con comer peyote y el descubrimiento de un hechicero vivo y auténtico. Supuestamente, Castaneda vestía como un hombre de negocios, de traje y corbata, cuando él daba discursos sobre psicodelia y espiritualidad, lo cual era una rareza. Sin embargo, era demasiado tarde, así que regresé a mi habitación y continué estudiando.

No fue hasta 1973, el año después de graduarme, cuando me introduje en la lectura de Castaneda. Comencé con *Una Realidad Separada,* su segundo libro, y entonces en 1976 leí el cuarto, *Relatos de Poder*. Al final de aquel libro, Castaneda dijo que saltaba de un acantilado de 200 metros de altura. Nos contaba que tuvo lugar en 1973 al final de su treceavo año de aprendizaje con un formidable hechicero llamado don Juan, en México.

Me pareció que la historia trataba sobre drogas alucinógenas, otra historia más de una larga lista de libros que se escribían en aquella época y que exaltaban la sabiduría inducida por las drogas. No existía ningún informe de lo acontecido después del salto, pero obviamente el escritor vivió para escribir más libros.

Durante los siguientes 25 años leí sus trabajos publicados, libro tras libro. Fueron muchas las reacciones críticas a Castaneda, tanto al hombre como a su trabajo; fue muy elogiado pero también muy criticado. Algunos decían que sus escritos se encontraban entre los más importantes publicados en la historia de la Antropología, porque poseían información directa sobre las creencias neolíticas de una civilización preliteraria contadas por un superviviente de aquella era. Otros decían que era un engaño, una ficción y que no existía ningún hechicero llamado don Juan; todo era una invención de Castaneda. No era ni siquiera buena ficción, decían algunos; tanto la historia como la cronología eran contradictorias. Ciertamente no era ciencia, respaldada con notas de campo y referencias cruzadas. Muchos pensaron que la Universidad de California, Los Ángeles

(UCLA) había cometido un grave error concediéndole el doctorado.

Más estimulado por la controversia que irritado por ella, decidí ignorar la crítica y las confusas anécdotas biográficas y simplemente disfrutar de la extraña urgencia que sentía por recopilar todos los libros de Castaneda sobre sus aventuras. En la década de 1980, esperaba ansiosamente cada nueva entrega.

No se trataba sólo de las historias y travesuras con el viejo chamán o la constante controversia subyacente sobre el autor. Hecho o ficción, siempre estaba la sensación de que se abría una puerta o una ventana a otro mundo, revelando las cosas inesperadas, increíbles y aterradoras que poseían una extraña credibilidad y que amenazaban con saltar a nuestro mundo a través de esa escotilla. Para mi decepción, cada vez se hacían más largos los intervalos entre libro y libro. Mientras sus primeros cinco libros se publicaron en menos de 10 años, los siguientes siete tardaron 20 años en aparecer.

Los primeros cuatro libros de Castaneda narraban sus aventuras como aprendiz de hechicero, vagando por los desiertos, las montañas y las ciudades de México Central y Septentrional con sus profesores brujos. Sus siguientes cuatro libros trataban sobre su lucha por entender y asumir sus enseñanzas.

Entonces, en 1993 un libro de Castaneda muy diferente al resto llegó a las librerías, *El Arte de Ensoñar*. Presentaba elementos extraños y discordantes, incluyendo un cambio de tono que hacía pensar en un escritor fantasma (sin retruécanos intencionados). Las aventuras eran incluso más extravagantes, con algunos giros argumentales increíbles.

Castaneda introdujo abruptamente algunos personajes nuevos. Aparentemente, eran contemporáneos de UCLA. Tres mujeres se materializaban repentinamente en el desierto mexicano desempeñando papeles importantes en la historia. Dos de ellas habían escrito sus propios libros, paralelamente al trabajo de Castaneda. Sus personajes principales homónimos se encontraban e interactuaban con Castaneda y sus personajes legendarios. El lector debía aceptar a estos nuevos autores como iguales que Castaneda y el grupo original de brujos y aprendices.

En 1998-1999, cinco años después, aparecieron tres últimos libros. Uno representaba todavía un nuevo tipo de trabajo, el cual contenía una colección de ejercicios, *Pases Mágicos* y que derivaban, supuestamente también, de una tradición chamánica mexicana. Castaneda se había trasladado a Los Ángeles, al mundo "real", dejando atrás sus años de aprendiz. Ahora era un líder. Sus seguidores, llamados algunas veces "discípulos", estaban dirigidos por las tres mujeres que habían sido abruptamente incorporadas a la historia.

Castaneda era viejo y estaba enfermo mientras la intriga le rodeaba acerca de sus seguidores, quiénes estaban dentro, quiénes fuera, quiénes se encontraban en lo más alto de la jerarquía y quiénes eran simplemente parásitos. Existía una preocupación tácita sobre quién heredaría una empresa que había vendido muchos millones de libros en diversas lenguas, (y sigue haciéndolo). Algunos meses después, leí que Carlos Castaneda murió en secreto mientras las tres mujeres, sus nuevas cohechiceras, desaparecían misteriosamente.

Otro libro fue publicado ese año siguiente, 1999, *El*

Lado Activo del Infinito, el último que escribió. Se leía como un libro nostálgico y de auto felicitación contando de nuevo los acontecimientos desde los primeros años de Castaneda. Creció, según se cuenta, con su padre ranchero en algún lugar de Hispanoamérica, una infancia repleta de aventuras que haría avergonzarse a Huckleberry Finn. El tono del libro sugería que otra persona había participado en la narración, una voz femenina, al menos al principio del relato. Pero a medida que la historia iba tomando impulso, debió ser reconducida por el viejo autor. Castaneda entregó diversas fábulas finales que condensan y resumen los principales desafíos que encontramos en sus extravagantes pero convincentes escritos. ¿Cómo se le ocurrió esta historia épica? ¿Y qué debemos hacer con ella?

En sus últimos capítulos escritos, Castaneda introdujo un actor dramático, nuevo e increíble en su filosofía. Los *"voladores"* son criaturas de las profundidades desconocidas del universo que viven con nosotros en la tierra, sin ser vistas. Hay millones de ellos, parecidos a las *"sombras de barro"* gigantes y primitivas que vuelan y saltan alrededor de nosotros todo el tiempo. Su constante presencia malévola nos aterroriza. Cada vez que nuestra conciencia trata de elevarse a un nivel más alto, ellos nos asfixian, consumiendo nuestra emergente conciencia, que es su alimento. Los "voladores" nos privan de nuestro derecho humano de magia. Nos reducen a nuestro estado mezquino, impotente y egocéntrico.

En los últimos capítulos de su último libro hay un desarrollo inesperado y sorprendente. Pero una vívida descripción del "volador" apareció en el primer libro sin identificación o explicación. Para hacerlo reaparecer 30 años después, muy al final, esta vez con una introducción y explicación completas, unió inesperada y provocativamente la filosofía de Castaneda en un todo consistente.

Después de la introducción del "volador", recibimos una sorpresa más. Castaneda escribió muchas historias y recuerdos durante 30 años. Todas fueron compuestas cuidadosamente y colocadas para enseñar cuestiones concretas. Después de haber afirmado en 12 libros que sus historias eran el verdadero reflejo de eventos vividos, al final de su vida Castaneda terminó su larga carrera literaria con la historia de Antoine.

Antoine era un huérfano que adoptó la abuela de Castaneda bajo el consejo de un hechicero. Justo antes de su muerte, ella le transfirió toda su fortuna. Encantó a la anciana con poemas, canciones y su deslumbrante personalidad. Cuando se separó de ella y de los familiares desposeídos por última vez, le dedicó y recitó un poema precioso y original con gran dramatismo y románticas florituras. La abuela escuchó, suspiró profundamente, se lo agradeció de corazón y entonces le preguntó:

"¿Plagiado, Antoine?"

"Por supuesto, Madre -dijo él-. Por supuesto.

* * * * *

¿Para qué nos sirve Castaneda como escritor, como pensador y como persona? Esperemos que este libro estimule nuestra curiosidad sobre esta cuestión. Mi análisis no es biográfico. No he investigado la vida de Castaneda y he intentado no referirme a nada más que lo contenido en los 12 libros.

Los investigadores de la nueva era, los lectores casuales y los detractores escépticos por lo general leyeron partes de su trabajo hasta el cuarto o quinto libro y entonces lo dejaron, bien indignados o confundidos. Los seguidores más apasionados continuaron leyendo toda su obra hasta el final, con sus 12 libros y más de un millón de palabras, cuando de repente todo se detuvo de golpe. Castaneda murió y todos sus asociados más cercanos desaparecieron juntos. Muchos sintieron que él, casi irrespetuosamente, se había marchado sin dar una explicación creíble o una manera plausible de continuar pensando positivamente sobre él. ¿Podía ser cierto que Castaneda se malinterpretó intencionadamente a sí mismo durante 30 años y arrastró a tantos otros en su falsa narrativa durante tanto tiempo? ¿Y con qué propósito?

En este punto, puede ser justo decir que entre los seguidores y detractores hay cierto cansancio sobre el nombre Castaneda. Pocos lectores quieren pensar sobre él ahora mismo. A muchos les gustaría estrangularle, como hizo Doña Soledad.

Sospecho que sería imposible entender el trabajo de Castaneda investigando su biografía, comprobando los datos y entrevistando a gente que le conociera o le siguiera. Pero a algunos de nosotros nos cuesta alejarnos de él. Al margen de que sus escritos fueran ficción o autobiografía, nadie antes que Castaneda había llegado al mundo que exploró y lo hizo avanzar de tal modo. Despertó una conciencia de una parte de nuestro pasado en la cual no habíamos pensado suficientemente. Su pensamiento también se engrana provocativamente con los modernos conceptos de la física y la cosmología.

Cuando leemos a Castaneda nos suele producir dos reacciones: o abrazamos sus libros completamente, incluso hasta el punto de convertirse en una adoración de culto, o los rechazamos completamente. Pero hay una tercera opción.

Podemos llevarlo a su mundo literario. Durante sus 30 años de aventura nos dijo que no podía terminar su aprendizaje. Terminó siendo, en el mejor de los casos, un hechicero que amaba las aventuras de lo desconocido como oposición a un vidente que buscaba la libertad. Quiso decirnos que se le juzgó como un plagiario y lo hizo contando su propia vida y añadiendo la narrativa sobre Antoine justo al final del último libro. Si consideramos que es una confesión en su lecho de muerte y comenzamos desde ese punto, podemos entender mejor el valor de su trabajo y comenzar a descifrar cómo y por qué las historias de Castaneda ocurrieron de tal forma.

El plagiarismo, considerado estrictamente, significa copiar el trabajo de alguien, palabra por palabra y atribuirlo a uno mismo. Considerado más ampliamente, podría significar apropiarse del esquema general y del significado de la historia verdadera o ficcional de alguien e insertarse uno mismo en su narración.

Si lo interpretamos de esta forma, el trabajo de Castaneda podría proceder de un previo manuscrito desconocido. Podría venir de la versión oral de una fuente original. Ya sea un manuscrito o una versión oral, podría haber sido el producto de una tradición oral que se remontara a generaciones y siglos.

Los trabajos de Homero no eran originales; no fueron compuestos por un hombre llamado Homero. Fueron las últimas versiones escritas de una tradición oral centenaria - historias compuestas antes de la invención de la escritura y transmitidas durante cientos de años por unos narradores de historias que las relataban a otros y así sucesivamente. Cada generación de narradores de historias aprendieron técnicas memorísticas que les permitieron mantener la integridad del trabajo y comunicar la esencia de que una vez existió una raza de grandes hombres y mujeres que protagonizaron aventuras heroicas.

Antes de que la escritura fuera ampliamente adoptada, la historia pudo preservarse durante generaciones de forma oral. Una vez que se empleó la escritura, desapareció aquel tipo de habilidad épica para recordar. No sabemos qué ocurrió realmente, si existió algo en las llanuras de Troya, pero la versión registrada por escrito 300 años más tarde constituye una parte trascendental de la civilización occidental. La narración de cuentos puede ser la forma más elevada de hechicería.

Consideremos el reciente trabajo de Patrick O'Brian, que recogió y estudió innumerables diarios, registros de buques y documentos marítimos de principios del siglo XIX. Él escribió una serie de novelas con personajes inventados e imaginó hechos mezclados con personajes y eventos históricos. El resultado fue la reputada serie de 20 novelas "Aubrey-Maturin" que, aunque son claramente ficción, expresan verdaderamente que es imposible transmitir usando criterios históricos apropiados y estándares literarios tradicionales.

Quizás Castaneda quiso hacer algo parecido. Quería transcribir el conocimiento antiguo que él conocía en el contexto de su propia historia moderna. La tradición antigua a la que se refiere está incluso más perdida en el tiempo que la historia de Troya para los narradores griegos. Es imposible decir si los héroes como Aquiles y Héctor vivieron realmente. Es también imposible confirmar las historias que Castaneda cuenta sobre don Juan y los grandes hechiceros del antiguo México, o los cuentos de sus colegas contemporáneos. Mientras ellos pueden o no ser verdad, un gran narrador puede transmitir importantes verdades históricas y religiosas contando historias.

No es fácil definir con claridad o siquiera nombrar la antigua religión que Castaneda describe en sus libros. Cuando surgieron las actuales religiones más importantes, ya había pasado mucho tiempo. Pero las cuestiones de entonces todavía resuenan hoy en muchos lugares. Es la religión cuyo remanente de creyentes y practicantes fueron perseguidos y sacrificados por la Inquisición de la Cristiandad tan sólo hace algunos siglos.

La creencia en esta misma tradición de la magia y la brujería, aunque oficialmente mayoritariamente prohibidas, todavía persiste en casi todas las áreas no urbanas del mundo. La otra noche, en Indonesia, donde yo vivo, mi hijo Álex de 6 semanas despertó gritando. Intentamos calmarle de su pesadilla -tardó varios minutos en bajar sus brazos que se agitaban furiosamente. Más tarde, mi suegra javanesa nos explicó con serenidad que Álex había sido "pellizcado" por su espíritu guardián. Ella había insistido en que debíamos honrarlo enterrando la placenta cerca de nuestra puerta principal. Dice que cuando los niños parecen sonreír o reír con una broma privada, y cuando ellos constantemente miran por encima de tu cabeza en vez de mirarte directamente, están viendo y reaccionando a los gestos de este espíritu.

En nuestra cultura popular, las nuevas leyendas épicas de magia abundan en libros y películas. Algunas están ambientadas en una ciudad europea imaginaria o en la tierra media; y otras en una galaxia lejana, muy lejana. Con su alcance dimensional, intrincados argumentos y héroes ejemplares y villanos, estas épicas modernas nos entretienen cosquilleando los sentidos de nuestras antiguas herencias, invisibles poderes y futuras posibilidades.

Castaneda sugiere que tenemos una poderosa nostalgia por una era humana pasada - una era de magia y brujería que duró mucho más que nuestro actual período racional-. La humanidad ha existido en la tierra durante más de un millón de años; nuestras actuales religiones sólo aparecieron hace aproximadamente de dos a cinco mil años. La época racional apenas comenzó hace 200 años. La razón ha negado y enterrado las antiguas creencias pero ellas son una parte enorme de nuestra herencia. Nuestra conciencia racional es sólo la punta del iceberg. Anhelamos el resto de nosotros mismos y de aquella era perdida. Hay cosas que dejamos allí que merece la pena redescubrirlas.

En su gran mayoría, los mitos actuales que dominan nuestras librerías y salas de cine apenas hacen nada por explicar cómo pudo ser posible su magia. No se molestan en la metafísica; sólo emplean palabras o varitas mágicas. Castaneda trabajó duramente para explicar cómo y por qué funcionaba la magia de don Juan. Describió, con minucioso detalle, un universo completo donde la magia es posible. Nos dijo cómo solía ser y cómo podría ser, y nos desafió a dar nuestra aprobación o simplemente a rechazarla.

Capítulo 3
LAS PLANTAS DE PODER

En el verano de 1960, mientras era un estudiante de Antropología en UCLA, realicé algunos viajes al Suroeste pare recoger información sobre las plantas medicinales utilizadas por los indios de la zona. Los acontecimientos que describo aquí comenzaron durante uno de mis viajes.

ESTAS INOLVIDABLES LÍNEAS que abren su primer libro, *Las Enseñanzas de Don Juan: Una Forma Yaqui de Conocimiento*, publicado en 1968, describen los comienzos del memorable viaje de 38 años de Castaneda que tuvo finalmente como resultado la fama y la infamia internacional, junto con otros once libros populares y muy polémicos.

Para muchos de nosotros en América, 1968 fue el último año de la década de los 60. Muchos de los movimientos sociales tumultuosos de aquella década parecieron llegar a su apogeo en este año: el abandono de la política del Presidente Johnson; el asesinato del líder de los derechos civiles Martin Luther King, así como del senador Robert Kennedy o la elección del Presidente Richard Nixon. Fue el peor año de la Guerra de Vietnam, morían como promedio más de 1400 americanos cada mes. Los hippies disfrutaban y protestaban. En Navidad, el hombre alcanzó la luna por primera vez y aterrizó allí el verano siguiente.

Durante este año turbulento, Carlos Castaneda apareció inesperadamente en escena. Se publicó el libro *Las Enseñanzas de Don Juan* que contaba la historia de un graduado de UCLA que había pasado por un aprendizaje de cinco años con un hechicero indio de México. La idea de que ocurriera en la misma era que el hombre pisaba la luna explotó en los medios de comunicación. Extractos de reseñas y notas publicitarias en las contraportadas lo describían como *'un viaje al corazón de la magia con Carlos Castaneda'*. Un comentario del *The New York Times* subrayaba: *'Uno no puede exagerar la significancia de lo que ha hecho Castaneda'*.

En la sección de reconocimientos del libro, seis profesores de la UCLA fueron nombrados y agradecidos por su inspiración, asistencia y crítica. Otro profesor de la UCLA escribió el prólogo y calificó el libro como un trabajo que abordaba el tema central de la Antropología: la entrada a otros mundos perceptuales para entender *'que nuestro propio mundo es también un constructo cultural'*.

* * * * *

Castaneda inmediatamente presentó a sus lectores uno de los personajes más inolvidables de lo que se comenzó a llamar la literatura americana de la "nueva era": el impresionante hechicero Juan Matus, al que simplemente se refería como don Juan. Castaneda describió su reunión con Juan Matus en una estación de autobús en 1960 en Nuevo México después de que le enviara un conocido común.

Juan Matus siempre minimizó la importancia de su formación profesional y sus detalles biográficos, pero supimos que nació en 1891 en el suroeste de Estados Unidos. Sus padres eran indios Yaquis. Los Yaquis, originarios de Sonora, México, fueron perseguidos y oprimidos, casi hasta el punto del exterminio en el S. XIX durante la resistencia a la dominación española y las campañas para la unificación nacional de México. Estos enfrentamientos forzaron a muchos Yaquis a replegarse y avanzar entre el norte de México y Arizona. Matus decía que los Yaquis habían sido tratados duramente por los gobiernos americano y mexicano, así como también por otros grupos indígenas y 'Yoris' (una mezcla racial de los mexicanos) en general.

De acuerdo con Castaneda, a principios del S.XX los Yaquis, ya disminuidos en número y en poder político, fueron de nuevo desalojados de sus tierras por el gobierno mexicano y forzados a emigrar al sur de México. Juan Matus fue capturado en este éxodo y, como un niño pequeño, perdió a sus padres que murieron durante esta migración forzada. Terminó trabajando en México central como trabajador de una plantación, hasta que se cruzó en su camino Julián Osorio, un ex actor convertido en brujo que introdujo a Matus en su grupo de hechiceros.

Puesto que Matus era Yaqui y Castaneda interactuó con él principalmente en el desierto de Sonora, su patria, hizo esfuerzos por entender cómo la cultura y la historia Yaqui habían formado las enseñanzas de don Juan e incluso subtituló su primer libro *Una Forma Yaqui de Conocimiento*. Sin embargo, las prácticas y las enseñanzas de Matus no procedían sólo de la herencia Yaqui, sino también de otros grupos mexicanos e hispánicos y europeos. El mismo Castaneda era ciudadano americano, originario de Perú o Argentina.

Cuando Matus se cruzó con Castaneda, casi 50 años después, él ya tenía 70. Su nieto Lucio, quien, como la mayoría de los Yaquis, desaprobaba la hechicería y el peyote, explicó que su abuelo 'solía correr' con un poderoso grupo de hechiceros que llegaron a estar recluidos y obsesionados con el peyote y el conocimiento esotérico. Pero Lucio estaba orgulloso de que su abuelo, a una avanzada edad, fuera todavía ágil y fuerte como un joven al cual era 'imposible de coger por sorpresa'.

* * * * *

Castaneda contó varias veces en libros posteriores la historia de su primer encuentro con don Juan en la estación de autobús. Cada vez añadía más detalles y profundidad. En su primer libro, describió su encuentro en sólo tres párrafos. Castaneda decía que hablaba sin ningún propósito, pretendiendo ser un investigador que conocía la flora y la fauna local y la cultura de los nativos americanos de la zona. Matus se sentaba silenciosamente y fijaba su miraba inolvidable en él, aparentemente poco impresionado. Entonces, el anciano se levantaba de golpe y tomaba el autobús, aunque le invitaba a verse de nuevo.

En su libro de 1971, *Una Realidad Separada*, contaba que, antes de encontrarlo involuntariamente en la estación de autobuses, estuvieron buscando varias veces a un hombre que Bill describió como un traficante excéntrico de hierbas medicinales. Esta vez, Castaneda recordó aquellos 'ojos de Matus que brillaban con luz propia' y cómo le obligaba a evitar su mirada.

En su último libro, *El Lado Activo del Infinito*, 38 años después de su primer encuentro, dedicó dos capítulos a investigarlo. Describió su agitada búsqueda de Juan Matus con Bill, conduciendo a través del desierto, escuchando las historias de Bill sobre su interés y asociación a lo largo de la vida con los grupos nativos de la zona. Castaneda se dio cuenta de que Bill estaba muriéndose y haciendo sus últimas visitas para despedirse de sus viejos amigos. Castaneda recordó venir de repente a don Juan y hablar y actuar como si no fuera algo voluntario. Dijo que de alguna manera don Juan le paralizaba con sus ojos para hacerle parar de hablar e incluso pensar. Un autobús apareció aparentemente de la nada y el anciano misteriosamente cubrió los 50 metros hasta la puerta del autobús en unos pocos saltos sin esfuerzo.

En este último recuento, Castaneda fue a Yuma, Arizona, a instancias de Bill, donde obtuvo información sobre cómo encontrar al anciano de nuevo. Dedicó un capítulo completo adicional a la narración de una larga historia sobre su nuevo viaje a México cuando tuvo que reclutar a dos estafadores locales, Jorge Campos y Lucas Coronado, para ayudarle a localizar al viejo hechicero. Este esfuerzo le llevó más de un año, múltiples viajes a México y algunos pequeños y grandes sobornos que le condujeron a un callejón sin salida. Fue entonces cuando, por accidente, localizaron al hijo de Matus y consiguientemente al mismo anciano.

Cuando encontró finalmente a Juan Matus, Castaneda pasó cinco años conmutando entre Los Ángeles y México desde 1961 a 1965. Se dedicó a escribir notas y a aprender lo que podía, con la esperanza de ganar fama literaria y conseguir su doctorado en UCLA. Su relación con el anciano cambió gradualmente de estudiante a aprendiz. En vez de informar simplemente sobre el viejo hechicero y su conocimiento de las plantas, se unió a él y sus cohortes cuando éstos las comían o fumaban. Así continuó hasta 1965, cuando Castaneda empezó a temer y sentirse confundido sobre sus experiencias con las 'plantas de poder' de don Juan y se retiró del aprendizaje. Volvió a Los Ángeles y escribió su primer libro que tardó tres años en componer con sus notas de campo y sus propios recuerdos.

* * * * *

El libro *Las Enseñanzas de Don Juan* describe las experiencias de Castaneda con tres tipos de plantas alucinógenas naturales encontradas en los desiertos de México: el peyote, la datura y los hongos. Don Juan se refería a ellas como 'las plantas de poder'. Los nativos americanos ya conocían estas plantas desde hace miles de años y las usaban con propósitos medicinales y religiosos. Se habían desarrollado y transmitido rituales para recolectarlas, cultivarlas y prepararlas.

La siembra, cosecha, preparación y consumo de cada planta implicaba numerosos procedimientos detallados y una planificación meticulosa que duraba varios años. Muchos lectores de la década de 1960 y posteriores estaban encantados de aprender que aquellas 'plantas de poder' habían sido cultivadas y utilizadas como parte de una antigua e indígena cultura americana. De acuerdo con Castaneda, todavía existían hechiceros viviendo esta vida en los desiertos del suroeste de Estados Unidos y México.

La recolección del peyote con Matus suponía caminar durante días a lugares aislados de los desiertos mexicanos para encontrar plantas que aún estaban incólumes. Las partes superiores de la planta se cosechaban de una manera ritual usando un cuchillo especial. Era importante vigilar los daños causados a la planta. Castaneda aprendió que para maximizar los beneficios de las plantas y asegurar su propia seguridad como participante, debía tratar a la planta con el mayor respeto.

Usar el peyote significaba comer el material de la planta, bien en sesiones individuales supervisadas por Matus o durante vigilias nocturnas con un grupo de participantes. Castaneda conducía durante horas sentado en la parte trasera de camionetas por caminos rocosos hacia remotos lugares montañosos y se unía a las ceremonias de comer peyote, llamadas *mitotes*, donde grupos de mexicanos se sentaban en un círculo coreando un cántico.

En uno de los mitotes, un perro local fue atrapado en el ritual. Un inspirado Castaneda vio al perro como un ser tornasolado y transparente. Él corrió y jugó con él. Pudo leer los pensamientos del ser y supo que la maravillosa criatura también podía hacerlo. Al día siguiente, el aturdido dueño dijo que observó cómo Castaneda luchaba con el perro y cómo éste se orinaba encima de él.

En la época de los sesenta la mayoría de los mexicanos se consideraban sofisticados y modernos y les molestaba ser tomados como primitivos por los visitantes del norte. La mayoría se habían rebelado contra las antiguas tradiciones en las que había crecido la cultura del peyote. Sin embargo, Matus intentaba convencer a su nieto adolescente Lucio que tomara en serio su vida tomando peyote bajo la orientación de su abuelo. Al principio, Lucio estaba disgustado y avergonzado por la idea pero finalmente cedió y se ofreció para hacerlo si el visitante americano (Castaneda) le compraba una motocicleta. Matus y Castaneda aparecieron con el peyote, pero un grupo de amigos llegó también con algo de tequila y una grabadora. Prevaleció la modernidad: en su lugar escucharon música fuerte y bebieron.

El resultado de un ritual de comer peyote se basaba en tener un encuentro con una figura antropomórfica llamada Mescalito. Era importante acercarse a Mescalito con una actitud apropiada. Si Mescalito aceptaba a un solicitante, él le enseñaba la forma más adecuada para vivir. Él 'enseña las cosas y dice qué son'.

Mescalito era juguetón con Castaneda en vez de aterrador y amenazante. Matus decía que nunca había visto a Mescalito jugar con nadie antes y lo consideró como una orden para que Matus adoptara a Castaneda como su aprendiz y le enseñara todo lo que sabía, para transmitirle así su conocimiento.

* * * * *

La segunda 'planta de poder', datura, también conocida como la 'hierba del diablo', debía plantarse y cultivarse personalmente. A diferencia del peyote, que es un maestro, la hierba del diablo era puramente una fuente de poder. Si no se utilizaba cuidadosa y correctamente, el usuario podía resultar trastornado o herido.

Castaneda debía plantar y cuidar su propio arbusto de datura en un lugar secreto durante algunos años. Una vez maduro se desenterraba y el tallo, las raíces, las hojas, flores y semillas se separaban. Todos estos ingredientes preparados eran almacenados de una forma ritual durante otro año antes de utilizarse.

Las raíces contenían el estímulo del poder de la planta. Un extracto hecho con la raíz se bebía varias veces hasta que el poder se doblegaba. Doblegar el poder cualificaba a un hombre para prescribirlo a otros, para darles un aumento temporal de virilidad para sus expediciones personales o para sus vidas y relaciones. El tallo y las hojas podían prescribirse para curar enfermedades; las flores se podían utilizar para controlar o influir en la gente.

La preparación adicional de la hierba del diablo implicaba machacar el material de la planta con insectos, escarabajos y unas cuantas gotas de sangre y después cocer aquella mezcla en extractos. La datura tenía algunos usos extraños, como fabricar una pasta para frotar los ojos de los lagartos, permitiéndoles actuar como espías y mensajeros.

Esta planta gustaba a hombres y mujeres de fuerte y violento carácter, infundiéndoles incluso más poder. Matus llegó a temer que Castaneda disfrutaba demasiado de la hierba del diablo. El propio Matus había decidido que no le gustaba su efecto.

'Ya no sirve de nada. En otros tiempos, como aquellos en los que me contaba mi benefactor, había razones para buscar el poder. Los hombres realizaban fantásticas hazañas, eran admirados por su fuerza y temidos y respetados por su conocimiento. Mi benefactor me contaba historias de verdaderas acciones extraordinarias que fueron acometidas hace mucho, mucho tiempo. Pero ahora nosotros, los indios, ya no buscamos ese poder. Actualmente, los indios usan la hierba para frotarse, curar sus furúnculos... Era diferente cuando había gente que

sabía que un hombre podía llegar a ser un león de la montaña o un pájaro, o aquel hombre que podía simplemente volar. Así que yo no he vuelto a utilizar la hierba del diablo. ¿Para qué? ¿Para asustar a los indios?*

* * * * *

MATUS ENSEÑÓ A CASTANEDA la tercera 'planta de poder', un hongo usado para hacer una mezcla de tabaco que él llamaba 'el humo de los adivinos'. Según Matus, el humo es el mejor y más completo asistente que puede tener un hombre, pero también el más peligroso. Los estados mentales del usuario antes, durante y después de usar el humo son cruciales; lleva toda una vida dominarlo.

La preparación de una pequeña cantidad de la mezcla como un principiante implicaba cosechar una especie de hongos diminutos y almacenarlos en una calabaza durante un año. Otros ingredientes se secaban durante el mismo período de tiempo, después se machacaban con los hongos y se fumaban en una pipa que había sido transmitida de chamán en chamán durante generaciones. No eran necesarios rituales precisos cuando se utilizaba la fumata pero el estado mental del usuario y su intención eran de suma importancia.

'Te deja libre para ver lo que quieres ver. Hablando propiamente, es un aliado incomparable. Pero quien lo busca debe tener una intención y una voluntad irreprochables. Las necesita porque tiene que intentarlo y regresar o el humo no le permitirá volver. Segundo, él necesita la intención y la voluntad para recordar cualquier cosa que el humo le permita ver, porque de otra forma nunca será más que un pedazo de niebla en su mente.'

* * * * *

Castaneda sintió una acumulativa avalancha de aterradoras experiencias psicodélicas. En una sesión con el humo, perdió la sensación de tener un cuerpo físico y se vio a sí mismo paseando a través de los muros y los muebles. Un día después, más sereno tras haber descansado, se sentía confundido y preguntó a Matus sobre la realidad de su experiencia. Él quería que don Juan le asegurara que sus experiencias inducidas por el humo eran sólo alucinaciones, quizás con fines didácticos, pero no reales y duraderas.

Matus insistía en que todo era real y le aseguró la seriedad de usar las 'plantas de poder', las cuales no causaban alucinaciones sino que simplemente revelaban lo que había allí. Para buscar el poder con las 'plantas de poder' se requería que el usuario cambiara su vida. Castaneda no habría sobrevivido a algunas de sus experiencias sin la experta supervisión y protección de Matus.

Durante la última sesión de peyote de Castaneda, Mescalito apareció otra vez y se ofreció para responder a una importante cuestión sobre la vida de Castaneda. Castaneda le preguntó 'qué estaba mal' en su vida.

Lo siguiente que supo es que se encontraba separado del grupo, solo en el desierto. Siguió una noche de terror, con Castaneda agazapado detrás de una roca, ocultándose de su monstruoso perseguidor:

'Los ruidos se convirtieron en gigantescos pasos. Algo enorme respiraba y se movía a mi alrededor. Creí que iba a cazarme. Corrí y me escondí bajo una roca e intenté determinar desde allí qué estaba persiguiéndome. En un momento me escabullí de mi escondite para mirar y lo que fuera mi perseguidor vino hacia mí. Era como un alga marina. Se lanzó

sobre mí. Pensé que su peso iba a aplastarme, pero me encontré a mí mismo dentro de una tubería o una cavidad...Vi enormes gotas de un líquido cayendo del alga. "Sabía" que estaba secretando ácido digestivo para disolverme.'

Esta primera versión del 'volador' se colocó aquí como respuesta a la pregunta de Castaneda sobre por qué su vida iba 'mal.' Pero se dejó sin explicación y no sería repetida y explicada hasta 30 años después, cuando el 'volador' reapareció al final del último capítulo de Castaneda.

Castaneda se retiró de su aprendizaje con Matus antes de completarlo en 1965. Después de sus experiencias, temía perder irrevocablemente su mente y su habilidad para funcionar en el mundo normal.

Volvió a UCLA y tardó tres años en recuperarse y escribir su libro, incluido un 'análisis estructural' de su experiencia escrita en una tortuosa jerga académica. Más tarde, él recordaría: *'Había empezado a perder la certidumbre que todos tenemos, que la realidad de cada día es algo que todos podemos dar por sentado.'*

* * * * *

En el esquema total de los libros de Castaneda, sus experiencias iniciales usando las 'plantas de poder' tienen poca importancia. Aunque fue miembro de la cohorte de 1960, Castaneda originalmente se salió de su camino para centrarse en el aspecto psicodélico de su narrativa. Completó sus dos primeros libros con estos temas y fueron precisamente estas historias las que le trajeron riqueza y una enorme fama.

Aquella fama inicial clasificó incorrectamente el trabajo de Castaneda en la tradición de los psicodélicos de la nueva era, que escribían sobre el uso de plantas poderosas, hierbas y drogas para abrir sus mentes a nuevas realidades maravillosas y a las verdades religiosas de Oriente.

Al final del segundo libro, Castaneda se dio cuenta de que las 'plantas de poder' no eran lo que importaba a don Juan. Él sólo las utilizaba como una herramienta a medio plazo para sacar a los aprendices de su letargo. Ellas no llevaron a Castaneda a visiones de la nueva era de campos de fresas con un arco iris y conejos blancos, sino a un mundo más oscuro en el que se respiraba un antiguo sentimiento aterrador. Los poderes temerosos rondaban por allí y acechaban y dominaban a todos menos a aquellos visitantes más serios y responsables.

Capítulo 4
EL PODER UNIVERSAL

¿Pero qué tenían las 'plantas de poder' para abrir tan efectivamente la conciencia de Castaneda y romper sus defensas? Según Matus, todo ser sensible de nuestro mundo, incluidas las plantas, tiene un capullo invisible de energía que interactúa con la energía del universo.

Generalmente los capullos de los seres vivos son similares en proporción a sus cuerpos físicos. El capullo de un gran árbol es ligeramente más largo que el árbol físico. El capullo de un hombre o una mujer es el tamaño de la persona con sus brazos y piernas extendidos. El capullo de la mayoría de las plantas pequeñas es similar en tamaño a la planta física.

Los capullos de las 'plantas de poder' son inusuales. Incluso aunque físicamente puedan ser plantas diminutas, tienen capullos *'casi tan grandes como el cuerpo de un hombre y tres veces su anchura'*. Los capullos de las 'plantas de poder' tienen muchas características en común con los humanos, pero con un amplio rango de conexión energética con el universo. Las 'plantas de poder' también tienen características que les confieren una habilidad especial para 'romper la barrera de la percepción'.

Para entender lo que esto significa y seguir el viaje de Castaneda más allá de su aprendizaje post-psicodélico, necesitamos dar un salto adelante y explorar los elementos y terminología básicos de la visión del mundo de don Juan Matus. Los conceptos que impulsan el aprendizaje de Castaneda se desarrollan en sus últimos libros, pero necesitamos también entender los acontecimientos descritos en sus primeros trabajos.

Por lo general, cuando intentamos explicar la vida en la tierra o la conciencia humana desde un punto de vista racional o científico la imaginamos evolucionando desde un estado primitivo hasta uno más complejo. Empezamos por postular dos elementos separados: materia y energía. Durante eones de tiempo, asumimos que la materia y la energía interactuaban y se combinaban hasta alcanzar una masa crítica. Sin embargo, surgió repentinamente una especie de chispa aleatoria que causó la vida para emerger de una ciénaga primordial. La vida no inteligente se desarrolló y evolucionó durante más eones hasta alcanzar otra masa crítica y otra chispa aleatoria provocó la aparición de la conciencia y la inteligencia, como si salieran de la nada.

La perspectiva de Castaneda es que la vida y la conciencia son eternas y están entrelazadas, son preexistentes e intrínsecas. En su nivel más básico y, desde la eternidad, el universo consiste en hilos de energía luminosa que están ya vivos y conscientes. La vida con la conciencia no evoluciona de la nada. Existe en todos los sitios y se manifiesta repetidamente en multitud de diferentes formas.

Es casi imposible describir estos hilos de energía consciente porque forman parte de nosotros. Al proyectar nuestra limitada imaginación sobre ellos, podemos visualizarlos como filamentos o emanaciones. No podemos decir si son grandes o pequeños. Cada uno se extiende sin fin hacia una longitud infinita y la eternidad en sí misma. Billones de ellos pasan a través de nuestro ser.

Esta energía es consciente de sí misma, chisporrotea, vive y se mueve con el ímpetu y el propósito del universo. Estos hilos pueden llamarse comandos del universo, o intención. Son cuerdas infinitas de indescriptible conciencia energética.

'Mientras observaba la maravillosa vista, los filamentos de luz comenzaron a irradiar de todo en esa pradera. Al principio era como una explosión de un número infinito de cortas fibras, entonces éstas se convirtieron en largas y filiformes hebras de luminosidad agrupadas en haces de luz vibrante que alcanzaban el infinito. Realmente no había forma de darle sentido a lo que estaba viendo o describirlo, excepto como filamentos de vibrante luz. Los filamentos no estaban entremezclados o entrelazados. Aunque saltaban en todas direcciones, cada uno estaba separado pero todos se mostraban inextricablemente unidos.'

Estos elementos básicos del universo son infinitos. Cada uno es individual e independiente pero están agrupados para hacer corrientes y corrientes. Juntos, estos números infinitos de infinitas hebras forman un vasto mar de conciencia, con diminutos vapores de aerosol, corrientes poderosas y desconocidas profundidades.

La vida y la conciencia no surgen de una masa de materia inerte primordial e impersonal energía combinadas accidentalmente y evolucionadas azarosamente. El universo posee energía consciente y un infinito número de moldes, arquetipos para cada tipo de ser sensible. De alguna manera nos lanza y nos acuña en forma humana. Nuestra forma es entonces como un receptáculo que interactúa con los filamentos de energía consciente universal que representa un acto mágico: la percepción.

Nos materializamos y aparecemos como diminutas burbujas flotando en el inmenso océano de indescriptible conciencia más allá de nuestro entendimiento. Nuestra existencia es una parte infinitesimalmente pequeña de un proceso donde este océano de consciencia se organiza y conoce a el mismo. Nuestra forma de vida y conciencia no es la corona de la creación. Es solo un aspecto de una imensurable conciencia universal que tiene su propio propósito, un océano arremolinado imposible de concebir o entender.

El universo es básicamente depredador por naturaleza. Multitud de entidades existen en el universo, apresándose unas a otras, buscando la conciencia del otro. Estamos todos a la merced de vastas corrientes de energía que tienen conciencia, que se manifiestan de muchas formas. Las formas de vida nacen y mueren constantemente. A los seres sensibles se les presta la conciencia y el propósito de la vida es enriquecer esta conciencia y devolverla a quien la otorga en una mejor forma.

El universo es depredador porque la interacción entre la vida y la muerte es la causa necesaria para una mayor conciencia. Una vez que nace un ser sensible, comienza un baile con la muerte. La presencia constante de la muerte y la conciencia sobre ella nos permite mejorar la conciencia del individuo y del universo.

Nuestra posición como minúsculas avanzadillas de una conciencia limitada en esta vasta región de lo desconocido es precaria. El único control posible que tenemos es la habilidad para conocer cosas dentro de nuestro pequeño campo de energía. Nuestro ser consciente está hecho de cosas que damos por sabidas; somos como diminutas islas flotando en un espacio ilimitado de poderes desconocidos. Construimos y mantenemos nuestra isla aprendiendo a apreciar objetos selectos. Para sobrevivir debemos proteger nuestra isla controlando nuestra propia conciencia, nutriendo nuestra percepción de cosas que conocemos y bloqueando lo desconocido que de otra manera nos envolvería.

En el universo de la conciencia energética existen muchos tipos de seres sensibles individuales, incluyendo los seres orgánicos así como entidades inorgánicas que tienen conciencia pero no cuerpos. Hay jerarquías de conciencia. Somos conscientes de que percibimos a muchos seres que tienen poca o ninguna conciencia, como muchos insectos y criaturas microscópicas. Existen entidades que son conscientes de nuestra presencia mientras nosotros somos incapaces de apreciarlas, incluso compartiendo el mismo espacio.

* * * * *

Cada ser sensible individual, ya sea orgánico o no, tiene un capullo lleno de energía. Un humano es un capullo esférico del tamaño del cuerpo humano con brazos y piernas extendidos.

Los filamentos universales de energía vienen del infinito para pasar a través de la piel del capullo, a través de su interior y fuera hacia el otro lado, de frente hacia el universo y de nuevo al infinito. El capullo define y envuelve filamentos que pasan a través de sí mismo y se extienden hacia el infinito en todas direcciones.

La energía interior y exterior de los capullos es la misma; son las mismas hebras. Los humanos están compuestos de hebras directamente conectadas a las hebras universales de energía que se extienden hasta el infinito en todas las direcciones.

Ciertos haces de filamentos de energía universal pasan a través de nuestro capullo. El mismo grupo de filamentos atraviesa los capullos de todos los humanos. No hay forma de entender cómo aparece este grupo de ininteligibles hebras de energía consciente, pero según Castaneda los hechiceros y videntes de tradición antigua de don Juan pueden verlo directamente.

Nuestra tierra es también un ser viviente y sensible con un capullo en el que vivimos. Nuestra historia es parte de la historia de la tierra. Los filamentos universales del infinito que pasan a través de nosotros comprenden una pequeña parte de la colección terrestre de los filamentos infinitos. Las vidas de nuestros capullos humanos tienen lugar dentro de un capullo de la tierra mucho más grande y nuestros destinos están conectados y entrelazados.

EL CAPULLO de cada ser humano contiene hebras universales de conciencia que se usan para la percepción. Cada capullo se rellena con billones de hebras universales de energía consciente, que comprende sólo una pequeña parte infinitesimal de las hebras totales del universo entero. Un solo capullo, aunque es pequeño en comparación con el todo, todavía contiene incontables billones de hebras de conciencia dentro de sí mismo.

Sólo se utiliza una pequeña porción de aquellas hebras cercadas. Cada ser vivo tiene una característica en su capullo que selecciona algunas emanaciones usadas para la percepción mientras que se descuida a otras. Esta característica es el punto donde cada ser sensible está conectado al universo, directamente conectado al espíritu e intención del universo.

Los humanos tienen un orbe de energía sobre el tamaño de una bola de tenis localizado en la superficie del capullo, como la longitud del brazo detrás del hombro derecho. Esta bola de energía es el agente que selecciona emanaciones que pasan a través de nuestros capullos para usarlos para la percepción. Se llama el punto de ensamblaje porque es el punto donde se ensambla la percepción. También puede llamarse el agente de selección porque selecciona ciertas emanaciones e ignora otras.

Sólo se selecciona una pequeña porción del número total de emanaciones dentro del capullo mientras que se ignora al resto. Si el punto de ensamblaje se mueve alrededor de la superficie o el interior del capullo, selecciona cualquier emanación universal recubierta sobre las que caiga. Aquellas hebras internas de conciencia están entonces conectadas a las mismas hebras fuera del capullo que se extienden hasta el infinito, y así es cómo ocurre la percepción.

La percepción es un proceso mágico que ocurre

cuando las hebras de energía universal pasan a través de nuestros capullos humanos, se seleccionan y eliminan por nuestro punto de ensamblaje. El punto de ensamblaje conecta, alinea e ilumina las partes externas e internas de aquellas hebras selectas de energía que se extienden hasta el infinito. El resultado es la percepción. Nosotros aprendemos dónde colocar nuestro punto de ensamblaje y, por tanto, es lo que percibimos, desde nuestros padres y cuidadores, desde nuestro nacimiento.

Podemos decir que un ser humano tiene un punto de ensamblaje. Puede ser más correcto decir que el universo tiene trillones o tropecientos puntos de ensamblaje. Somos lo que somos y vivimos en nuestro mundo debido a la posición de nuestro punto de ensamblaje en el universo de energía consciente.

El punto de ensamblaje existe dentro de un capullo, en un universo de energía consciente. Seleccionando y combinando las hebras de la energía consciente, un punto de ensamblaje ensambla simultáneamente un mundo y también un ser consciente presente en aquel mundo. La particular naturaleza de aquel mundo y de aquel ser está determinada por la selección de hebras de energía y el grado e intensidad de la conciencia. El universo que se encuentra fuera del capullo es el punto de montaje encargado de ensamblar la percepción.

Según Castaneda, la energía total de nuestros capullos se divide en dos partes. Una parte es la banda humana, que es la colección de energía accesible a la percepción humana, compuesta por una tercera parte de todo el capullo. Las otras dos terceras partes son hebras no humanas de energía dentro de nuestros capullos pero fuera del alcance humano de la percepción.

La banda humana se organiza en 48 lotes. Para percibir nuestro mundo normal, usamos dos de ellos. Hay 46 lotes adicionales de energía dentro de nuestros capullos que pueden aprender a usarse pero no se utilizan normalmente. De aquellos 46 lotes, seis pertenecen a un reino gemelo de seres que también viven con nosotros en la tierra. Ellos tienen también capullos y punto de ensamblaje, pero no tienen organismos físicos que respiren, coman y se reproduzcan.

Muchos de estos seres que viven con nosotros son conscientes de que existimos, pero nosotros no los percibimos normalmente. Algunas veces don Juan Matus se refería a ellos como nuestros 'gemelos', otras veces como nuestros 'primos'. Ellos son conscientes de nosotros, pero no pueden contactarnos. Normalmente no somos conscientes de ellos, pero si llegáramos a serlo, podríamos tomar la iniciativa y contactarles, lo cual podría abrir la puerta a una relación.

El número y variedad de estas entidades gemelas que comparten nuestro mundo diariamente pero están fuera de nuestra conciencia normal, son más grandes que el número y variedad de entidades que normalmente percibimos a lo largo de nuestras vidas. La variedad de entidades invisibles y no orgánicas de nuestro mundo supera con creces los miles de especies orgánicas que hemos contado hasta ahora.

Los otros 40 lotes de energía en la banda humana de nuestras luminosas esferas pertenece a otros mundos. Si usáramos todos ellos sería posible ensamblar al menos 600 mundos completos adicionales. Más de 600 mundos son disponibles para nosotros usando la energía que pasa a través de la banda humana de nuestras esferas luminosas.

Estos mundos son tan completos y engullidores como los nuestros; los seres viven y mueren en ellos y podemos visitarles y vivir y morir en ellos también. Si uno preguntara en qué universos pueden existir estos mundos es imposible decir otra cosa que estos mundos y los seres que viven o los visitan existen en sus respectivas posiciones de ensamblaje.

Ellos existen constante e independientemente de nuestro mundo, pero nos son inaccesibles. Estamos protegidos de ellos porque estamos condicionados a ignorarlos y a asumir que nuestro mundo normal de la vida diaria es la única realidad posible. Si nuestro punto de ensamblaje permanece rígido en un lugar, hay un muro de percepción entre nosotros y los gemelos ocupantes de nuestro mundo, y entre nuestro mundo y cualquier otro.

Hay infinidad de billones de posiciones en el universo donde los puntos de ensamblaje pueden ensamblar mundos y seres. Todos los seres vivos tienen capullos y puntos de ensamblaje en el fluir de la cuerda del universo, como emanaciones de energía consciente.

El capullo es una característica temporal, comenzando por el nacimiento y terminando por la muerte. Castaneda no explica cómo ocurre el nacimiento de un capullo en este universo de energía consciente. Dice que cada acto sexual causa sentimientos y otras partes constituyentes que normalmente flotan sin ser molestadas en el universo para intentar combinar y causar la concepción de un nuevo ser. La muerte ocurre cuando el capullo se debilita del uso y se colapsa, permitiendo a la energía encerrada escapar de vuelta al universo en toda su extensión.

Los capullos existen en un océano de poder universal en constante movimiento. Este poder, que contiene la conciencia del universo y su intención, rueda constantemente sobre los capullos. Esta 'fuerza ondulante' tiene dos aspectos. El primero es el que nos da vida, propósito y conciencia; el segundo es el poder que rompe la abertura y destruye el capullo en el momento de la muerte. Esta fuerza dual de vida y muerte nos golpea constantemente a lo largo de la vida, gradualmente va desgastando el capullo hasta que no puede utilizarse por más tiempo el poder de rodadura y es superado por ella.

La energía consciente atrapada dentro del capullo se mueve constantemente y lucha por conectarse con la energía exterior. Los filamentos interminables del exterior ejercen una presión constante en los capullos. La presión exterior inicia la conciencia parando el movimiento de la energía atrapada, la cual está siempre luchando por salir - en efecto, luchando para morir-. Cuando las emanaciones interiores conectan con las exteriores, comienza la conciencia y se previene la muerte. Debemos percibirla o morir.

Nuestra percepción siempre envuelve la totalidad de nuestra energía. No hay energía extra dentro de nuestros capullos que no estén implicados en el acto de la percepción para pertenecer a nuestro mundo.

Somos percibidores. Eso es para lo que nacemos. En un infinito universo depredador que está mucho más allá de nuestra comprensión, tenemos una isla segura de todo lo que nos dan como algo conocido, como nuestro refugio. Existen otros tipos desconocidos de vida sensible alrededor nuestro y algunos de ellos son conscientes de nosotros, pero nuestro muro de percepción nos impide verlos durante la vida. Dirigir nuestra pequeña isla y mantenernos seguros en el vasto mar de la conciencia consume toda nuestra energía o, lo que es lo mismo, toda nuestra conciencia.

Capítulo 5
CON DON JUAN EN EL DESIERTO

'*Yo soy sólo un hombre, don Juan*' -respondió Castaneda cuando le preguntó Matus: '*¿Sabes algo del mundo que te rodea?*'

En 1968, Castaneda regresó a México y retomó su aprendizaje con don Juan Matus. Este fue el punto de partida de la última fase de su relación, que continuó ininterrumpidamente hasta la desaparición de Matus en 1973.

El comentario anterior formaba parte de la charla que Castaneda y don Juan mantuvieron mientras vagaban por los desiertos y ciudades. Don Juan se ponía su sombrero, lo tiraba al suelo, daba una palmada en su muslo, dirigía una mirada penetrante y burlona, se divertía con una broma, se chasqueaba las articulaciones, abría sus ojos de par en par, le daba una palmadita en la espalda y besaba sus labios. Curioso, perplejo, enojado, temeroso y exasperado, Castaneda preguntaba cuestiones constantemente, con frecuencia innecesarias. Si la narrativa de Castaneda es fantasía en su totalidad, entonces su habilidad literaria para describir el progreso orgulloso de un aprendiz todavía temeroso y vacilante, desde la ignorancia al entendimiento, es magistral. Durante 30 años y en 12 libros, Castaneda el aprendiz siempre entendió y malinterpretó lo justo en cada momento y lo demostró con sus evasiones, negaciones, tics obsesivos y otras reacciones.

Allí le presentaron al compinche de Don Juan: el temible pero cómico y acrobático hechicero, don Genaro Flores. Se convirtió en el profesor asistente del nuevo y a veces bufonesco aprendiz Castaneda. Don Genaro, un indio mazateca de México Central, apareció como un simple campesino, tímido y crítico de sí mismo, pero que continuamente divertía, provocaba y aterrorizaba a Castaneda con inexplicables y sofisticados actos de teatralidad, pantomima y magia.

Además de don Genaro, Castaneda conoció a través de Matus a Néstor y Pablito, sus otros aprendices, quienes desde entonces le acompañaron en la mayoría de sus hazañas. El escalofriante aprendizaje de Castaneda estuvo teñido de humor, con una camaradería latina machista hasta el punto de bromear sobre pedos y ropa interior femenina.

Don Juan decía que quería aclarar las cosas; afirmaba que el retiro anterior de Castaneda se debió a la seriedad con que se tomaba las cosas. Castaneda todavía intentaba tomar notas subrepticiamente y ellos se burlaban sin parar; don Genaro le ridiculizaba por tener sus manos todo el tiempo en sus bolsillos, donde él guardaba sus cuadernos. Genaro se elevaba sobre su cabeza para demostrarle que no podía llegar a ser un hechicero con sólo tomar notas.

Castaneda le dijo a don Juan con temor que no quería más peyote. No quería que su sentido de la realidad se viese anulado por las enseñanzas de Matus. Acababa de publicar un exitoso y críticamente reconocido súper ventas y planificaba hacer una lucrativa gira dando conferencias -como la que más tarde me perdería-. También estaba concluyendo su Doctorado. Un hombre internacionalmente famoso y exitoso no suele ser un candidato a aprendiz de hechicero en una choza destartalada del desierto mexicano. Matus no hizo caso y de nuevo, como al hijo pródigo, le dio la bienvenida para continuar su aprendizaje. Sin saber por qué, Castaneda siguió adelante.

* * * * *

Muchos lectores de Castaneda se emocionaron con las psicodélicas aventuras de los dos primeros libros, pero perdieron su interés cuando se dieron cuenta de que las plantas alucinógenas sólo jugaban una pequeña parte, y muy al principio solamente. De hecho, al final de los acontecimientos narrados en su segundo libro, *Una Realidad Separada*, Castaneda dejó de usar todas las 'plantas de poder'. Como describió en su primer libro, utilizo peyote, hierba del diablo y una mezcla de hongos desde 1960 a 1965. Cuando regresó a México en 1968, las existencias de plantas y hongos que había cultivado antes y abandonado se habían muerto o descompuesto. Desde 1968 a 1969, reportó algunos casos cuando fumaba la mezcla de hongos, pero sólo porque Matus insistía y tenía que usar sus provisiones porque ya no tenia de las suyas.

Matus explicó que las plantas eran necesarias para despertar a Castaneda de una condición letárgica, aunque con un coste significativo para su cuerpo. Castaneda necesitaba percatarse de que existen otros estados de conciencia y otros mundos. Para ello, tuvo que romper sus escudos.

Nuestros escudos están compuestos de nuestro diálogo interno y externo - nuestra forma habitual y obsesiva de pensamiento y la proyección de nuestros pensamientos hacia la percepción sin pausa. Los escudos son la causa y el efecto de nuestro punto de ensamblaje que se mantiene rígido en un lugar. Nos enseñaron cómo inmovilizar y estabilizar nuestra percepción a través de nuestro habla y pensamiento habitual; estos procesos llegaron entonces a ser nuestros escudos.

En su segundo, tercer y cuarto libro, Castaneda describió una serie de experiencias de aprendizaje que evolucionan sobre un patrón. Don Juan manipuló a Castaneda para colocarle en tal posición que pudiera enfrentarse a un peligroso desafío de aprendizaje. Castaneda se dio cuenta y llegó a estar nervioso e inquieto, preguntando, buscando la confirmación o dirección, intentando cambiar de tema o encontrar el pedal de freno. Al final Matus lo empujaba abruptamente hacia cualquier reto que hubiera materializado. Castaneda se apresuraba en las oportunidades y peligros caprichosamente y los identificaba erróneamente y entonces, invariablemente, caía en alguna trampa o peligro al excederse en sus reacciones emocionales.

Castaneda encontró un 'guardián de otro mundo', que se manifestó como un mosquito gigante. Vio a su guardián varias veces hasta que un encuentro se tornó peligroso. El guardián le dio una señal para alejarse y lloriqueó a Castaneda, mostrándole su espalda. Sobre él se dibujaban diseños multicolor, Castaneda estaba impresionado y lo miraba fijamente. El monstruo se ofendió y atacó y Castaneda sólo sobrevivió por la intervención de don Juan.

En otra ocasión Castaneda contempló con ojos soñadores el agua en una corriente de irrigación, ignorando los avisos e instrucciones de don Juan y viéndose transportado lejos por ésta. Se encontró a sí mismo en un lugar remoto, perdido en un reino desconocido, sin tener idea de dónde estaba o cómo volver. De nuevo Matus le rescató, pero esta experiencia hizo que todos los cuerpos del agua fueran peligrosos para él; durante un tiempo no pudieron dejarlo solo en ningún lugar cerca del agua.

Castaneda había perdido algunos de los escudos que anteriormente habían creado un muro de percepción para protegerle. No se sentía preparado, pensó, para asumir la responsabilidad de sus encuentros en esa realidad separada que él había encontrado. No identificaba y respetaba el peligro, o se alejaba del daño. Sólo se complacía en lo que llegara, como si no creyera lo que estaba pasando o como si estuviese simplemente estudiando algún fenómeno interesante, o soñando de día.

Un peligroso mundo de poder continuó abriéndose. Matus se veía forzado repetidamente a rescatar a Castaneda al final de cada experiencia. Necesitaba supervisión y protección para prevenirle de llegar demasiado lejos y quizás perderle para siempre en un mundo diferente, o resultar herido o incluso muerto en un encuentro irreflexivo con un poder más grande que no reconociera o respetara.

El peligro y la aventura real comenzaron una vez que don Juan dejó de proporcionarle las 'plantas de poder'. Los acontecimientos en su aprendizaje comenzaron a tener un impacto y valor diferentes y marcaron una nueva fase de su vida. Una vez que su aprendizaje continuó sin comer peyote o fumar hongos, no pudo llamar alucinaciones a sus experiencias por más tiempo. Todo era igualmente real e importante.

Si él estaba comiendo peyote u hongos, o utilizando su humo, Castaneda podía atribuir cualquier experiencia extrema o algún encuentro aterrador a las 'plantas de poder', no a sí mismo como perceptor, o al mundo actual en general. Una vez que Castaneda se dio cuenta de que existían otras realidades y que le impactaban a su manera, todo cambió. Matus le dijo que...

'El mundo está verdaderamente lleno de cosas aterradoras y somos criaturas indefensas rodeadas de fuerzas que son inexplicables e inflexibles. El hombre normal cree que estas fuerzas se pueden explicar o cambiar... tarde o temprano. Al abrirse al conocimiento, un hechicero llega a ser más vulnerable... Al abrirse al conocimiento cae presa de tales fuerzas y tiene sólo un medio para encontrar su equilibrio... debe sentir y actuar como un guerrero. Sólo así puede uno sobrevivir al sendero del conocimiento.'

Como repetidamente Castaneda se había sentido conmocionado por las fuertes 'plantas de poder', Matus le rebajó sus escudos. Esto abrió las puertas que separaban su realidad normal del irreducible universo de energía consciente. Aunque su razón aún la conservaba y le prevenía de observarlo, él era vulnerable al vasto océano de indescriptible conciencia depredadora que es el universo en general, y visto desde el interior de nuestros propios capullos. Una vez que continuó esta actitud receptiva sin excusarse en el uso de drogas y le fue imposible dormirse, despejándose y regresando a su estado normal, entonces se convirtió en un punto de inflexión. Castaneda superó la necesidad de sentirse impactado por el peyote o los hongos.

Pero ¿por qué este hombre exitoso y famoso querría estar abierto a 'fuerzas inexplicables e inflexibles'?

Según don Juan Matus, esta es la paradoja de la conciencia: para protegernos a nosotros mismos de las fuerzas inexplicables e inflexibles que están alrededor nuestras debemos controlar nuestra conciencia. Si todo lo que hacemos es controlar nuestra conciencia nos privamos de nuestro derecho de nacimiento como humanos de ser perceptores capaces de la magia.

Durante la época en que usaba el peyote y los hongos, mientras Matus le daba las 'plantas de poder' para conmocionarle y dotarle de una actitud más receptiva, también enseñó a Castaneda técnicas que le prepararon para enfrentarse a aquella insoluble paradoja de la conciencia. Le mostró una forma de vida que permitía a los perceptores expandir su conciencia mientras les protegía de las fuerzas constantes e inexplicables que atacan cualquier conciencia emergente.

Anteriormente, Castaneda había ignorado arrogantemente estas enseñanzas. Ahora, las necesitaba para proteger su vida y su cordura. Estas técnicas de supervivencia se convirtieron en el tópico de su tercer libro, *Viaje a Ixtlán*.

Castaneda dice que este libro se basó en las notas de campo de sus primeros años con Matus; las había dejado a un lado porque desconocía su importancia. Eran lecciones de Matus que, desde el principio, le enseñaban cómo empezar a moverse a través del mundo como un 'guerrero', para aprovechar la nueva conciencia y el poder mientras resistía los asaltos de lo desconocido.

Le obligaron a aceptar que estas extrañas experiencias no eran simplemente atribuidas al peyote y que los desafíos que encontró eran partes inevitables del ser humano. Cualquiera que buscara el conocimiento se abría a lo desconocido. Llegó a ser accesible y vulnerable a los vastos poderes que le asaltaban a él y a todos los seres humanos. Literalmente, él no podía sobrevivir sin llegar a ser y reaccionar como un guerrero que había entrado en una batalla y necesitaba salvar su vida.

En una batalla un guerrero puede morir en cualquier momento. Por lo tanto, el guerrero se dirige al combate con temor mientras está completamente despierto. Él respeta su situación, permanece alerta a todo lo que le rodea y tiene una completa confianza en sí mismo. No pierde sus movimientos o energía, ni se complace en pensamientos improductivos. No depende de otros o los culpa por su situación. No afirma su condición o identidad para exaltarse o protegerse a sí mismo, deja a un lado su sentido de propia importancia y es igual a todo y a todos.

Él sabe que la muerte está cerca y, aunque sobreviviera a esta batalla, todavía podría morir cualquier día. La conciencia de la muerte le confiere una medida de la libertad y del abandono, lo que añade poder y capacidad a sus acciones. Abraza un cierto estado de ánimo y se hace responsable de cada experiencia y resultado. Se toma todo seriamente mientras también se ríe de ello.

Los títulos de los capítulos de su tercer libro nombran los principales temas del sistema de bienestar que Castaneda clasificó para un guerrero en la batalla: *Borrar la historia personal, Perder la importancia, La muerte como una consejera, Hacerse responsable, Volverse cazador, Ser inaccesible, Romper las rutinas de la vida, La última batalla sobre la tierra, Hacerse accesible al poder* y *El ánimo de un Guerrero*.

Obviamente, nuestras vidas normales no están organizadas para crear el ánimo de un guerrero. En vez de ello, nos aseguramos de que nuestro mundo sea comprensible y seguro. Si encontramos algo que no podemos entender, lo asumimos como solucionado de forma segura en algún momento. El ánimo de un guerrero sólo se pone en acción cuando alguien se ve expuesto al peligro extremo e implacable. ¿Por qué alguien con una vida cómoda buscaría adquirir este estado de ser? ¿De dónde viene ese desafío que provocaría naturalmente este ánimo?

Matus enseñó a Castaneda el arte de ser accesible o inaccesible, dependiendo de la situación. Le enseñó cómo un hombre en la guerra podría encontrar un lugar para detenerse y así ganar alguna habilidad para elegir su campo de batalla. El hombre o la mujer que buscan el conocimiento pueden aprender a ser accesibles o inaccesibles. Deben decidir conscientemente cuándo revelarse y cuándo ocultarse de los desafíos que están siempre alrededor. El guerrero elige ser inaccesible o accesible, en vez de cambiar abrupta e impotentemente un movimiento desde un estupor semiconsciente a un temeroso despertar.

Según Matus, los desafíos naturales que pueden provocar el ánimo de un guerrero están todo el tiempo alrededor nuestro. Estamos literalmente rodeados de eternidad. Nos mantenemos inaccesibles a ella, separados y protegidos. Nos centramos constantemente, minuto a minuto, segundo a segundo, en las preocupaciones de nuestras vidas personales que interponen un muro de percepción.

Matus procuró enseñar a Castaneda el arte de abrirse a los poderes que existen alrededor nuestro sin ser aniquilados por ellos. Decía, *'este mundo es un misterioso lugar. Creer que el mundo es como tú piensas, es estúpido.'* Pero entrar en los desconocido despreocupadamente, con un estado anímico equivocado, es incluso más estúpido porque expone a uno a las fuerzas peligrosas, incontrolables e imparables.

Pasó días cazando con don Juan en el desierto. Matus le enseñó los hábitos de varios animales de presa, como las serpientes de cascabel, pequeños mamíferos y pájaros. Castaneda lo recordó una tarde cuando disfrutaba de un sentimiento de satisfacción después de un día vagando por el desierto. Hacía frío y estaban todavía lejos de la casa de don Juan. De repente, Matus se levantó y anunció que iban a escalar una colina cercana hasta la cima en lo alto de un claro.

Cuando alcanzaron la cima, Matus dijo, *'no temas. Soy tu amigo y vigilaré para que nada malo te ocurra.'* Por supuesto, estas tranquilizadoras palabras tuvieron el efecto contrario, asustando a Castaneda.

Matus susurró, *'¡ahí está, mira, mira!'*, -le dijo mientras una ráfaga de viento golpeaba la cara de Castaneda-.

Mientras Castaneda le increpaba que sólo era el viento causado por ligeras alteraciones de la presión del aire y la temperatura, Matus le pidió que recogiera algunas ramas de arbustos y matorrales cercanos. Le pidió que se tumbara mientras ambos se cubrían con las ramas y las hojas. Después de reposar allí tranquilamente durante cinco minutos, el viento paró.

Momentos después, tras sentarse y continuar su charla, Matus señaló de nuevo la proximidad de algo y el viento les golpeó otra vez. Tuvieron que reunir nuevas ramas y ocultarse de nuevo para hacerlo marchar.

Matus explicó que no se estaban enfrentando simplemente al viento en aquella hora crepuscular, sino al poder en sí mismo. El poder se escondió dentro del viento, algo como una *'espiral, una nube, una niebla, una cara que gira alrededor'*. El mundo es verdaderamente un misterioso lugar. El poder podría ayudar a un cazador o a algo fastidioso. El secreto del gran cazador es *'estar disponible y no disponible en el preciso giro de la carretera'*.

* * * * *

En una de las escenas más inolvidables de todos los trabajos de Castaneda, don Genaro escaló un precipicio y saltó de piedra en piedra, jugando en la cima de una catarata de 50 metros. Demostró una maestría de equilibrio usando fibras de su ser luminoso para ayudarse. Castaneda no podía ver las fibras, sólo podía mirar. Únicamente percibió una serie de movimientos físicos difíciles e imposibles. Concluyó que era un juego de manos o posiblemente que había sido hipnotizado para este acontecimiento.

Hay una diferencia entre mirar y ver, así como hay

una realidad separada. Nosotros miramos una realidad pero somos ciegos para separarla a menos que nosotros veamos. Ver implica usar todo el cuerpo humano, incluidas las partes que no se ven, como un instrumento para la percepción; ver ocurre independientemente de los ojos.

El ánimo general para la percepción normal dominado por las preocupaciones depredadoras es visual. Para los humanos, siempre ha sido de primordial importancia ser capaces de mirar a una escena, asumirla, y rápidamente reconocer el peligro y la oportunidad desde un punto de vista depredador. Los ojos aprendieron a mirar las cosas y a mirar brevemente de un objeto a otro. La mente se rellena con el significado de la escena y de cada objeto y valores que en ella se contienen para ver a un depredador que está a la vez cazando y siendo cazado.

Mirar a las cosas, al mundo, es un comportamiento aprendido. Los bebés recién nacidos no te miran. Ellos miran fuera y ven algo más.

'Aprendemos a pensar sobre todo y entonces entrenamos nuestros ojos para mirar lo que pensamos sobre las cosas que miramos.' Aprendemos a pensar y en nuestros pensamientos describimos el mundo y nuestro lugar en él; entonces usamos nuestros pensamientos para ayudar a nuestros ojos a mirar en las cosas. Hacemos hincapié en objetos conocidos y nos enfocamos en nuestro mundo familiar. Una vez que aprendemos eso, miramos hacia todos lados y olvidamos cómo ver.

Según Matus, la visión humana normal es *'más interpretación que percepción'*. No nos molestamos en usar nuestra sensación, olfato e incluso nuestra audición para hacer complejas y vinculantes identificaciones. Normalmente nuestros ojos sólo *'tocan ligeramente la energía entrante'*, lo que desencadena un sistema de interpretación que identifica y asigna atributos y valores: árbol, casa, mujer, viejo, bonito, peligroso. A través de nuestra mirada estroboscópica construimos un mundo en el que vivimos. Trabajamos constantemente para mantener y también mejorar nuestro enfoque sobre aquel mundo separado del universo; el mundo que percibíamos antes de que aprendiéramos a filtrarlo a través de nuestros ojos y pensamientos.

Desde nuestra infancia, se nos enseña y obliga a unirnos a nuestro grupo y a mirar juntos las cosas; acordamos lo que es real y lo que es irreal. Hacemos esto para sentirnos seguros en lo desconocido, junto a todos los humanos que comparten el mismo planeta. Establecemos un camino a seguir a lo largo de la vida para protegernos de nuestros actos del mar universal de la conciencia depredadora. Separamos lo conocido de lo desconocido e ignoramos y negamos lo que no sabemos.

Castaneda nunca logró ver durante su aprendizaje sin la ayuda de Matus. Fue sólo más tarde, varios años después de que Matus se hubiera marchado, cuando la razón de Castaneda cedió, permitiéndole ver. Una vez que pudo hacerlo, pudo también recordar todo lo que había visto antes.

Mediante el uso de las 'plantas de poder' Matus incitó a Castaneda a abrirse a los poderes que existen en el universo. Cuando lo hizo, no hubo más alucinaciones. Toda la percepción era la misma. No había posibilidad de drogas casuales con las que pudiera dormirse después.

Matus enseñó a Castaneda que no hay comida o bebida casual. No hay sexo casual. No hay paseos casuales en el desierto ni tampoco en la ciudad. De hecho, no hay pensamiento casual. Cada pensamiento es una acción que controla nuestra conciencia y percepción, lo cual determina todo. La filosofía es un esfuerzo de vida y muerte. Nada es real, pero todo importa.

* * * * *

Matus introdujo a Castaneda en el tema del sueño. Decía que la forma más segura de llegar a ser accesible a lo desconocido era desarrollar y utilizar un tipo de conciencia que todos tenemos en nuestros sueños. Los hombres y mujeres son bolas luminosas de energía viviendo entre grandes remolinos de bandas energéticas. Nos percibimos a nosotros mismos y a nuestro mundo sosteniendo nuestro punto de ensamblaje en un lugar concreto, lo que crea un mundo interior y exterior. La forma de acceder a nuevas bandas de energía, que contienen percepciones no ordinarias, es mover el punto de ensamblaje. Pero no puede moverse con una orden consciente.

Nuestro punto de ensamblaje cambia naturalmente mientras dormimos, produciendo nuestros sueños. La forma más sencilla de desarrollar la habilidad para utilizar el movimiento del punto de ensamblaje es explorar nuestros sueños. Sin embargo, Matus no está hablando sobre analizar nuestros sueños de una forma psicoanalítica. El psicoanálisis de los sueños es una forma de entenderlos de acuerdo con nuestro punto existente de referencia o una forma de actualizar o mejorar nuestra perspectiva y desempeño normal mediante la inclusión de nueva información que procede de nuestros sueños.

Castaneda escribió sobre el desarrollo de nuestra

atención dentro del sueño, no a mirar en él desde fuera. Como niños, primero ensamblamos nuestro mundo dirigiendo nuestra atención exclusivamente hacia una posición del punto de ensamblaje. Dice que podemos ensamblar otro mundo centrándonos en las cosas que aparecen en nuestros sueños, cuando el punto de ensamblaje se ha movido aleatoriamente hacia una posición diferente. De hecho, nuestra realidad diaria es un sueño entre muchos sueños, reforzado por el acuerdo de todos los humanos que comparten el planeta. El universo está lleno de sueños con seres compartiéndolos y basándose en sus acuerdos. El universo se rellena de puntos de ensamblaje, lugares donde la energía consciente se reúne y se combina en el acto de percepción.

Es natural compartir el sueño. Nuestra realidad diaria es justo eso: una condición de sueño humano compartido y sostenido a la vez por mucha gente unida. No somos conscientes de que es un sueño porque no tenemos otros sueños compartidos para comparar. Nuestro mundo soñado no es una elección arbitraria; surgió para expresar la intención del universo. Debemos responsabilizarnos de todo lo que ocurre para adoptar cualquier medida de control.

* * * * *

El enfoque de la obra de Castaneda cambia en el tercer libro. En vez de hablar de fumar hongos o comer peyote para sacudirse fuera la realidad normal, ahora aborda cómo podemos intencionadamente trasladarnos de la realidad normal a otra realidad sin usar las 'plantas de poder', y qué difícil y peligroso puede ser este proceso. Es una búsqueda solitaria, separado de otros de una forma radical. Sin los preceptos del 'camino del guerrero', llegar a desquiciarse de la realidad aceptada es simplemente una locura.

Durante uno de sus tres viajes en coche desde Los Ángeles a México, Castaneda pasó dos noches en un hotel a las afueras de una ciudad de México mientras le reparaban el coche. Desde el café del hotel vio a un grupo de niños pobres que pasaban sus días vagando por la cuneta. Esperaban pacientemente a que los clientes se fueran para devorar las sobras y entonces limpiaban la mesa y se retiraban educadamente de nuevo a la cuneta. Castaneda se sintió desesperanzado porque estos niños vivían sin esperanza. Al referirse a esta historia, le confesó a Matus que habían sido privados de las '*oportunidades para un desarrollo y satisfacción personal*' que él mismo disfrutaba.

'Tú piensas que eres mejor, ¿verdad?' -fue la réplica de Matus-. '*¿Pueden tu libertad y tus oportunidades ayudarte a ser un hombre de conocimiento? Todos los hombres de conocimiento que yo conozco fueron niños como aquellos que viste comiendo las sobras y lamiendo la mesa.*'

Capítulo 6

EMPUJANDO AL OTRO YO POR UN ACANTILADO

Castaneda recordó un día muy divertido que Matus y él pasaron con don Genaro Flores en su cabaña destartalada de las montañas. El anciano los deleitaba durante horas representando graciosísimas pantomimas y gestos acrobáticos, utilizando a Castaneda como coletilla de sus chistes. Al final de la tarde, don Juan se disculpó para salir a los arbustos a orinar. Cuando regresó, Genaro se paró con teatralidad, olfateó el viento y dijo, *'mejor voy donde sopla el viento'*, con una expresión extremadamente seria, y entonces se marchó. Matus le dijo a Castaneda que no se preocupara si escuchaba ruidos extraños mientras Genaro estaba en los arbustos, porque *'cuando Genaro defeca, las montañas tiemblan'*. Minutos después, Castaneda escuchó un *'estruendo profundo y sobrenatural'*, que no pudo identificar. Cuando miró a don Juan para ver lo que estaba sucediendo, Matus se estaba partiendo de risa.

El último objetivo de las aventuras guiadas de Castaneda en los desiertos, montañas y ciudades de México con sus profesores era encontrar su 'doble', su otro yo. Según Castaneda, todos los humanos tienen otro yo que coexiste todo el tiempo con nuestro yo del que normalmente somos conscientes. Existen dos entidades debido a nuestro proceso de percepción de dos pasos. El otro yo es una versión más básica y completa de nuestro ser que nuestro yo de la vida diaria. Se necesita el yo diario para prosperar y sobrevivir como depredador y dar sentido a la vida -tener una vida, básicamente-. Ser consciente de ambos al mismo tiempo es estar en contacto con *'la totalidad de nosotros mismos'*.

Debido a nuestra percepción de dos pasos, siempre existimos como dos seres pero normalmente somos conscientes de uno sólo. En el acto de la percepción, nuestro ser central percibe en principio el mundo directamente. Inmediatamente ignoramos aquella percepción directa y damos un paso más para imponer nuestros pensamiento a la energía que acabamos de percibir. El resultado de aquel paso extra es la percepción de nuestro yo normal en nuestros mundo. Ponemos sólo atención al producto secundario de la percepción.

Existe un pequeño instante de tiempo entre la percepción directa original y la secundaria. Usamos aquel intervalo para negar y olvidar nuestra percepción primaria y trasladar toda nuestra completa atención a la percepción secundaria. Pero todavía tenemos un yo que existe en aquel primer mundo de percepción, incluso aunque lo neguemos e ignoremos.

Cuando aprendemos a hacer los dos pasos de la percepción, los cuales nos son enseñados desde el momento que nacemos, nuestros dos seres funcionan por separado. El nuevo yo, el yo que vive en el acordado mundo real, automáticamente opera el proceso de percepción a lo largo de la vida.

'El mundo no nos cede directamente, la descripción del mundo permanece entre medias. Así, hablando apropiadamente, siempre suprimimos un paso y nuestra experiencia del mundo es siempre un recuerdo de la experiencia. Continuamente recordamos el instante que acaba de ocurrir, que acaba de pasar. Nosotros recordamos, recordamos, recordamos.'

Nosotros podemos hablar sobre este proceso de percepción y, el doble y nuestras palabras, pueden hacernos sentir que tenemos algún conocimiento sobre el tema, o al menos una forma de apuntar hacia él. Pero no podemos percibir el doble a través del lenguaje. Hablar y pensar sobre el doble no nos pone en contacto con él. *'Ese es el defecto de las palabras. Siempre nos hacen sentirnos iluminados pero cuando nos volvemos para enfrentarnos al mundo siempre nos fallan y terminamos enfrentándonos a él como siempre lo hemos hecho, sin ese entendimiento'*

Podemos encontrar al otro ser accidentalmente, debido a la enfermedad, la locura, el amor, la guerra o un shock extremo. O podemos localizarlo de forma más armoniosa aunque azarosamente, en el sueño. En ambos casos, nuestra reacción normal es revertirlo inmediatamente a nuestro mundo de pensamiento, el cual niega el recuerdo del doble o lo interpreta como algo más.

Matus y don Genaro enseñaron poco a poco a Castaneda a encontrar su otro yo, su doble, mediante el sueño. Continuaron guiándole sobre la idea de que es el doble el que sueña el yo de la conciencia normal. Este es el misterio del soñador y lo soñado.

El soñador y lo soñado viven casi al mismo tiempo, separados por un minúsculo intervalo de tiempo. Ellos experimentan los mismos hechos, pero los perciben de forma diferente. La conciencia del soñador es mucho más amplia e inclusiva, mientras que es también más desordenada e ingobernable. El soñador percibe la eternidad pero no puede hablar sobre ella, ni sobre nada.

La conciencia del ser soñado se reduce, se pierde, se organiza y protege. El soñador es consciente de lo soñado, pero se ha enseñado lo soñado para ignorar y negar al soñador. El soñador experimenta todo inmediatamente, mientras que el ser soñado lo experimenta después de un tiempo. Durante este microscópico lapsus de tiempo, él impone sus pensamientos e imágenes, haciendo que los datos brutos se ajusten a su visión del mundo.

El ser soñado recoge una selección de eventos percibidos durante su vida y los reproduce en su mente una y otra vez. Él llama a esto su memoria. Su historia e identidad personal se construyen de estos recuerdos selectos. Se olvida la mayoría de la experiencia, pero todavía existe en escondites ocultos de imágenes negadas y malinterpretadas. La paradoja de la memoria es que nuestros recuerdos del yo normal son finalmente la negación de la memoria. Recordar en un sentido más profundo es recordar el otro yo.

Desde que nacemos nos enseñan a poner exclusivamente nuestra atención en el ser soñado que existe en nuestro mundo compartido en el cual hemos sido arrojados. Compartimos nuestro mundo con otros seres que son parte de nuestra era, nuestra cohorte. Tenemos un acuerdo con ellos sobre lo que es real e irreal. Según

Matus, ser real significa estar de acuerdo sobre algo. Este acuerdo no lo elige uno ni es arbitrario; nos lo impone la intención del universo para sus propios propósitos que no podemos comprender.

Nuestra vida normal consiste principalmente en el esfuerzo constante y envolvente para mantener, dinamizar, explicar, entender y renovar este acuerdo en el mundo real. Nuestras acciones, pensamientos y palabras se dedican principalmente al acto de afirmar la realidad de nuestro mundo que nos han enseñado desde el primer día.

Nosotros estamos constantemente negando el doble, que es finalmente el soñador que nos sueña. En esta actividad, logramos la magia y la hechicería. Estamos negando lo más básico de nosotros mismos y reemplazándolo por la percepción de algo más.

La persona soñada ha aprendido a despreciar su otro yo y sus actos. También hacemos caso omiso de nuestra ignorancia. Hemos aprendido varias formas habituales de pensar y hacer actividades repetitivas y compulsivas para mantener al otro yo fuera de la conciencia. Despreciamos esos esfuerzos, así como nuestras funciones corporales autónomas que controlan la respiración, la digestión o el temor. Para colmo, nos enseñan no sólo a ignorar al otro yo sino también a negarlo activamente, supuestamente para simplificar nuestro paso por la vida, para hacernos la vida más fácil.

A menos que nos enseñen al respecto, nunca somos conscientes de nuestro doble durante la vida hasta el momento de la muerte. Justo antes de morir, cuando falla nuestra energía y no podemos realizar por más tiempo el proceso de la percepción en dos pasos, perdemos la conciencia de nuestro yo real y volvemos a nuestro doble en cualquier condición después de una vida de abandono. Los recuerdos almacenados explotan entonces en la conciencia y los revivimos uno por uno. Nuestra vida pasa por delante de nuestros ojos.

* * * * *

Para enseñarle sobre su doble yo, don Juan y don Genaro transportaban continuamente a Castaneda de su ser normal a su doble. Desde la posición de sus seres luminosos, ponían el punto de ensamblaje en su ser luminoso. Castaneda lo experimentaba habitualmente como una palmada en la espalda. Con frecuencia, ellos luchaban por devolverlo a la conciencia normal. Algunas veces, le podían traer de vuelta con otro golpe fuerte en los hombros, pero frecuentemente requería arrojar cubos de agua sobre él.

Los dos profesores también le mostraban continuamente sus propios dobles sin decirle lo que estaban haciendo. El doble no es un organismo como nosotros que debe respirar y comer. Si tratas de enseñarle mientras se entretiene, lo irritas y confundes, desafiándolo a darse cuenta de que él está en presencia de un doble que no necesita realizar funciones corporales normales como defecar. El primer día que Castaneda pasó con don Genaro fue con el doble de éste y terminó con el pretendido viaje a los arbustos descrito anteriormente. Castaneda lo registró diligentemente en sus notas sin ser objeto de broma.

Un concepto como el doble puede ciertamente describirse como extravagante e incluso bizarro, pero finalmente no es más raro que algunos de los preceptos aceptados por la física moderna. La física cuántica tiene un concepto muy extraño llamado superposición, donde un electrón u otra partícula pueden estar en dos lugares a la vez. La superposición también se asemeja extrañamente al doble en que es virtualmente imposible observar -cuando tú observas las partículas dobles, la observación se colapsa y regresa a lo que se concibe normalmente, donde la partícula existe sólo en un lugar. Según Castaneda, el doble hace eso también. Tú puedes ser doble, pero sólo uno a la vez.

* * * * *

El ser luminoso total que contiene ambos seres, el soñador y lo soñado, tiene ocho puntos que pueden visualizarse. Don Juan dibujó un diagrama en el polvo, una forma geométrica con ocho puntos.

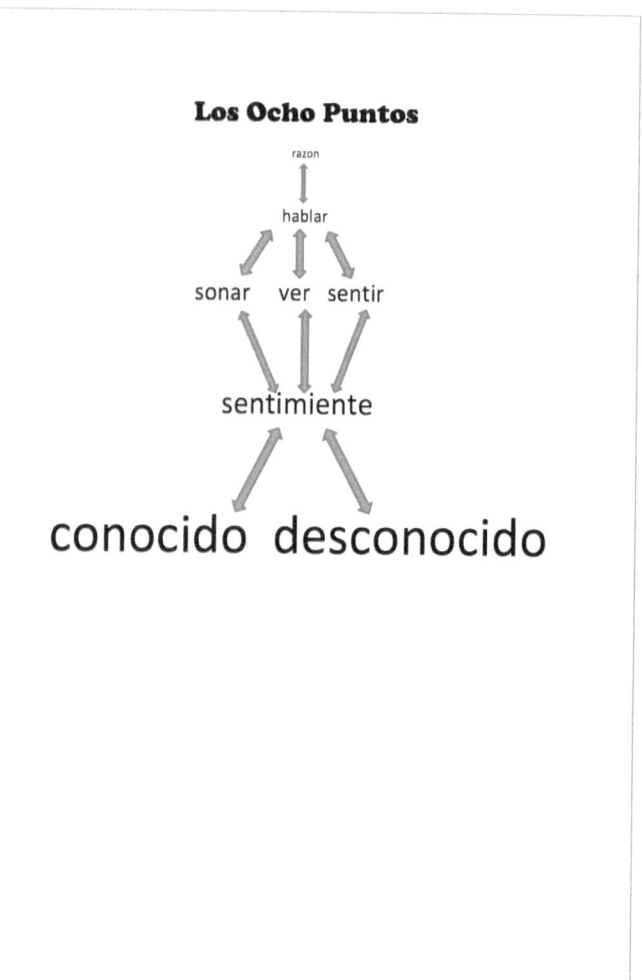

Los ocho puntos se llamaron razón, hablar, sonar, ver, sentir, voluntad, lo conocido y lo desconocido.

Este diagrama tenía dos epicentros: razón y voluntad. A pesar de que la razón domina nuestra era, es de lejos es el punto más pequeño en el diagrama. Está a un costado y conectado solo a otro punto: el habla. La razón es el punto más pequeño, y el más aislado de nuestro ser total. Nosotros ahora estamos viviendo en una época donde la razón es nuestro epicentro.

El único otro punto razón conecta directamente con se llama hablar. El habla se refiere a nuestro continuo diálogo externo e interno por el cual imponemos nuestros pensamientos y expectativas aprendidas sobre los datos brutos de percepción. Cuando la razón se conecta con el habla, lo llamamos entendimiento.

Usamos sólo los dos puntos más pequeños de la totalidad de nosotros mismos - la razón y el habla. Normalmente en nuestras vidas nunca llegamos a ser conscientes de los seis puntos restantes. La razón y el habla comprenden el ser normal de nuestra era en la historia humana.

El habla está conectada a tres puntos más grandes - el soñar, el ver y el sentimiento. Nuestro razonamiento y conversación tienen definiciones para esos tres puntos, pero definiciones muy restringidas. Estos tres conceptos también tienen significados mayores que los normalmente entendidos. El soñar no se hace simplemente mientras dormimos, se hace mediante el movimiento del punto de ensamblaje que alinea nuevos hilos de energía, ya sea mientras duermes o estando despierto. El ver es el paso inicial de la percepción, antes del paso de la interpretación. Significa ver como opuesto a mirar. El sentimiento se refiere al sentimiento del doble, que interactúa con el mundo proyectando tentáculos de hebras de energía hacia el exterior.

Estos tres puntos -el soñar, el ver y el sentimiento no tocan el punto de la razón; la razón no puede conectar directamente con estos tres puntos o nada más allá.

La razón es el epicentro dominante de nuestra era. Aunque es el punto más pequeño en el ser humano luminoso, la razón es sin embargo algo como el héroe de la humanidad moderna. La razón nos rescató desde los primeros tiempos cuando poderes más grandes y oscuros dominaban la vida humana. La razón estableció su dominio mediante el lenguaje y el habla para circunscribir y restringir los significados de los conceptos del soñar, el ver y el sentimiento. El soñar, el ver y el sentimiento son conceptos llenos de vastos poderes y usados para tener mayor importancia en una era temprana de la historia humana cuando eran dominantes y la razón apenas se conocía.

El soñar, el ver y el sentimiento están conectados a un punto mucho más grande, la voluntad. La voluntad se refiere a la habilidad del ser luminoso en sí mismo para actuar, con intención, en su propio dominio donde cada ser aparece como una conglomeración similar a un capullo de cuerdas de energía que se dirigen hacia la eternidad. La voluntad actúa con sus tentáculos, sus cuerdas brutas de energía consciente.

Desde el punto de vista de la hechicería y, desde la posición más antigua del hombre, la voluntad era el epicentro predominante y la razón se encontraba fuera e ignorada. La voluntad es el punto central que organiza el ser y las actividades del otro yo, justo como el mundo sostenido por la razón es el mundo de nuestro ser normal.

Los dos puntos finales son lo conocido y lo desconocido. Estos puntos son mucho más grandes que el total de todos los demás puntos juntos. De hecho, para poner el diagrama completo en una perspectiva más precisa, si imaginamos un estadio de fútbol, la razón sería justo el reglamento que está en el bolsillo del árbitro, mientras que lo conocido sería el estadio y lo desconocido el infinito mundo más allá de ese espacio.

Relatos de Poder narra la historia de los últimos días de Castaneda con don Juan Matus. Al final del libro, Matus y su grupo de viejos hechiceros se marchan y Castaneda salta por el precipicio, junto con los otros dos aprendices, Pablito y Néstor.

Para configurar la representación de estos eventos, Castaneda explicó dos de los ocho puntos finales en el diagrama que conforman la totalidad del hombre.

Decía que la vida del ser humano está compuesta de dos lados que Matus llama *'el tonal y el nagual'*. Se dice que estas dos palabras proceden del antiguo folklore americano; es difícil encontrar las palabras adecuadas que describan lo que significan. Una interpretación correcta de tonal sería 'lo conocido' y de nagual 'lo desconocido'.

Lo conocido es temporal, comienza en el nacimiento y acaba en la muerte. Lo desconocido está siempre ahí, es eterno. Lo desconocido es consciente de todo pero no puede hablar. Lo conocido puede hablar pero tiene una limitada conciencia controlada; puede señalar la dirección general de lo desconocido, si se le pide hacerlo, pero normalmente no es consciente de la existencia de lo desconocido.

Lo conocido va un paso más allá y activamente niega la existencia de lo desconocido. Matus dice que *'el gran arte del tonal es suprimir cualquier manifestación de lo nagual de tal manera que incluso si su presencia pudiera ser lo más obvio en el mundo, es imperceptible'*. Nosotros estamos siempre rodeados por la eternidad, pero ocupados pensando en cosas más importantes.

Lo conocido es todo lo que conocemos o pensamos que conocemos y todo sobre lo que tenemos una palabra durante nuestra vida. Esto incluye gente, nuestras identidades y todas las cosas que identificamos como seres del mundo, incluido Dios, el alma y el Diablo y cualquier concepto en el que podamos pensar. Lo conocido constituye sus propias reglas por las cuales aprehende el mundo y así crea y sostiene su mundo. Sin lo conocido no habría significado y lenguaje para nuestras percepciones. Sólo existiría el caos.

Lo conocido de cualquier ser sensible se visualiza mejor como una pequeña isla en una vasto universo que está casi completamente compuesto por lo desconocido. Lo desconocido puede visualizarse como un universo entero de poder y conciencia que actúa constantemente y conoce y se dirige a todo, pero no puede decir nada o entender quién es o qué está haciendo.

Lo desconocido es todo lo que existe aparte de la pequeña isla de lo conocido. Lo desconocido es inimaginablemente inmenso. Cuando Matus enseñó a sus aprendices sobre este tema, ellos cargaron con una pequeña mesa durante una caminata de cuatro horas por el desierto. Encontraron un valle y pusieron la mesa sobre el terreno, con los utensilios de cocina encima. Entonces, caminaron otras dos horas hasta la cima de una montaña cercana y miraron hacia abajo, hacia la mesa. Él les dijo que la superficie de la mesa apenas visible representaba lo conocido, con los utensilios como objetos de nuestra comprensión. Entonces, agitó los brazos diciéndoles que todo lo demás era lo desconocido.

Lo desconocido no puede describirse con palabras. Si algo puede describirse, es entonces parte de lo conocido. Los efectos de lo desconocido se pueden presenciar pero no explicar. Sólo puedes señalar hacia ello. Matus afirma que es posible entrar en lo desconocido y presenciar e incluso usar ese poder, pero mientras las experiencias de lo desconocido puedan y ocurran, no necesariamente puede describirse o analizarse; la mayoría ni siquiera se recuerdan.

Nuestra identidad, nuestra personalidad está en la parte conocida de nosotros mismos. Cuando lo conocido llega a darse cuenta de que se está hablando sobre sí mismo, inventa palabras como 'yo' y 'yo mismo'. En lo desconocido no tenemos identidad; tenemos sólo poder y efecto.

Cuando nacemos, y durante un poco de tiempo después, todos nosotros somos desconocidos. Estamos confrontados por un mundo operativo que debemos aprender a compartir y a participar en él. Nuestro conocimiento comienza a desarrollarse con un esfuerzo monumental. No podemos recordar este esfuerzo porque ocurre antes de que desarrollemos nuestro lenguaje, identidad y memoria.

La importancia de lo conocido nos envuelve tanto que finalmente llegamos a estar completamente dedicados a él y olvidamos qué vino antes. Retenemos un vago sentido de nuestro otro yo, así que comenzamos haciendo pares en nuestro pensamiento. Pensamos en la mente y el cuerpo, en la materia y la energía, en Dios y el diablo, pero estos son conceptos singulares que son parte de lo conocido. Ellos son todo cosas que conocemos de alguna forma, cosas que tienen palabras adheridas a ellas. No comprenden la actual dualidad que nuestro ser completo contiene, que es lo conocido y lo desconocido.

Lo desconocido puede emerger en nuestras vidas pero sólo involuntariamente. Nosotros no podemos conscientemente organizarnos para encontrarlo. Sin embargo, lo desconocido puede aparecer y, cuando lo hace, lo conocido puede llegar a ser consciente de la totalidad de uno mismo. Normalmente esto sólo ocurre en el momento de la muerte.

En *Relatos de Poder*, Castaneda recordó cómo Matus le enseñó sobre lo conocido y lo desconocido, y cómo lo conocido rige nuestras vidas incluso aunque es débil en comparación con nuestro otro lado, lo desconocido. Debido a su relativa debilidad, lo conocido debe ser astuto e ingenioso para mantener la ilusión de que lo desconocido no existe. Si emerge lo desconocido, lo conocido se hace vulnerable.

Cualquier cosa más que una breve visión de lo desconocido es mortal para lo conocido y, por lo tanto, para el ser por completo. Cuando lo desconocido emerge, es como un 'mal perro'. Repetidamente, Matus arrojaba cubos de agua sobre Castaneda *para fustigar a su nagual de vuelta a su lugar. El tonal debe ser protegido a toda costa. La corona debe quitársela pero debe permanecer como el supervisor protegido.*'

Lo desconocido puede sólo emerger de forma segura si se utiliza para defender a lo conocido. Cuando esto se logra, se llama poder personal. Sin un entrenamiento largo y cuidadoso cualquier encuentro con lo desconocido puede resultar en el conocido 'pifiarla', y crear un shock fatal. Sin entrenamiento lo conocido prefiere morir antes que perder el control.

Entrenar lo conocido consiste en eliminar todos los elementos innecesarios 'para limpiar la isla del tonal'. Cualquier hábito, pensamiento, creencia y, especialmente los recuerdos de las relaciones, que prevendrían lo conocido de sobrevivir a un encuentro con lo desconocido, se debe recuperar y liberar. Se debe desarrollar un nuevo diálogo interno que permita la conciencia de ambos, lo conocido y lo desconocido.

Relatos de Poder concluye con el acto fundamental del cual dependen todos los escritos de Castaneda. En 1973, Castaneda, junto a Pablito y Néstor, siguieron a Matus y a su grupo de hechiceros a una meseta en las montañas de México. Al borde de la meseta había un escarpado acantilado. Esta meseta y acantilado formaron parte de la historia y el folklore de la tradición de hechicería de Matus. A lo largo de la historia, muchos grupos de hechiceros y guerreros entrenados han estado allí para tener su último y final encuentro juntos. Al final de su entrenamiento, los aprendices saltaban del acantilado. Castaneda hizo lo mismo al final de *Relatos de Poder*.

Los eventos de la meseta marcaron la aparición final de don Juan y don Genaro, y el final del aprendizaje de Castaneda. Por supuesto, sabemos que el autor sobrevivió para contarnos esta historia y muchas otras en sus futuros libros.

Antes del salto, Castaneda recibió la '*explicación de los hechiceros*', que clarificaba cómo este acto podría realizarse; cómo una persona podía saltar un acantilado y sobrevivir.

Según esta explicación, cuando nos encontramos en el desconocido puro estamos compuestos de un grupo de '*sentimientos, seres y estados*' que existen y 'flotan' en lo desconocido *'como barcazas, tranquilas, inalteradas, para siempre.'*

La explicación de Matus continuó:

'Entonces el pegamento de la vida une a algunos de ellos... Cuando el pegamento de la vida pega esos sentimientos juntos se crea un ser, un ser que pierde el sentido de su verdadera naturaleza y llega a cegarse por el resplandor y el clamor del área donde los seres rondan, el tonal. El tonal es donde existe toda la organización unificada. Un ser aparece en el tonal una vez que la fuerza de la vida ha juntado todos los sentimientos necesarios... el tonal empieza en el nacimiento y termina en la muerte... tan pronto como la fuerza de la vida abandona el cuerpo todas esas conciencias únicas se desintegran y regresan de nuevo al lugar donde venían, el nagual... en la muerte, se hunden profundamente y se mueven independientemente como si nunca hubieran sido una unidad.'

HAY un principio en física que establece que la materia no puede ser creada o destruida. De la misma forma, el universo de Castaneda está hecho de seres y sentimientos, que son eternos. Cuando las unidades están en lo desconocido, flotan separadamente. Para emerger en lo conocido, son recogidos en grupos por la fuerza de la vida. Cuando el ser muere, las unidades se separan otra vez y vuelven a flotar en lo desconocido.

Cuando Castaneda saltó el acantilado, lo hizo como un guerrero entrenado que ha sido preparado para aventurarse intencionadamente hacia lo desconocido. Entrar en lo desconocido de esta forma es como morir, excepto porque las unidades individuales sólo se expanden 'sin perder su unidad'. Un guerrero entrenado podría entonces reintegrar sus componentes de cualquier forma que él sepa en cualquier lugar que elija.

Este momento crucial del aprendizaje de Castaneda -el salto del acantilado- causó un conflicto inevitable y final entre su razón y la totalidad de sí mismo. Matus señaló que la explicación de los hechiceros *parece inofensiva y encantadora pero... da un golpe que nadie puede detener*.

El salto del acantilado no fue la conclusión del aprendizaje de Castaneda. Fue el final del tiempo vivido con sus profesores, una experiencia que duró 13 años. Sin embargo, la mayoría de su aprendizaje tuvo lugar en lo desconocido y él no podía recordarlo en su conciencia normal. Empezó entonces la tarea restante de recordar e integrar todo lo aprendido, lo que le llevaría otra década y más.

Capítulo 7

ENCONTRAR AL OTRO YO DE NUEVO

El quinto libro, *El Segundo Anillo de Poder*, ocupa un lugar primordial en la serie y es diferente al resto. Tan sólo presenta una narrativa clara de una serie de eventos en orden cronológico. Castaneda regresó a México unos 18 meses después de saltar por el acantilado. Pasó varias semanas visitando al grupo de coaprendices que estuvieron con él mientras aprendía con Matus y Genaro. Todos sus otros libros están estructurados en capítulos temáticos; cortó y pegó episodios de eventos ampliamente separados en el tiempo y el lugar y usó conversaciones y narrativas parciales de diversos eventos aislados.

El salto de Castaneda por el acantilado al final del libro *Relatos de Poder* debería haber sido la culminación de su aprendizaje. Había seguido el programa de Matus hasta el final y entonces ejecutó el último acto. Sin embargo, no fue el final. De alguna forma sobrevivió al salto y escribió *Relatos de Poder*. Entonces volvió a ser normal. Su razón y sentido común se reafirmaron. Se encontró cuestionando qué le había pasado, en el caso de que hubiera ocurrido algo.

Aquel último encuentro con Matus en el acantilado tuvo lugar en algún momento del año 1973. *Relatos de Poder* fue publicado un año después. Es un misterio cómo Castaneda sobrevivió y volvió a Los Ángeles. Tuvo que derrotar a su razón para sobrevivir, pero una descripción de lo que aconteció después del salto no aparecería hasta su último libro, *El Lado Activo del Infinito*, 25 años después.

Cuando en 1973 se encontró al borde del acantilado, don Juan le pidió que se despidiera de los otros participantes. Se suponía que don Juan y don Genaro abandonarían la tierra de alguna forma en el mismo momento en que Castaneda saltara, para no volver jamás. No estaba claro que le ocurriría después del salto. Sus poderes personales determinarían su supervivencia; y entonces sería su decisión, regresar o quedarse.

El sentido común de Castaneda se reafirmó durante el período que pasó en Los Ángeles. Cuando regresó a México su razón estaba firmemente controlada otra vez. Deseaba regresar para preguntar a Pablito y Néstor sobre los acontecimientos de la meseta y concretamente si éstos realmente ocurrieron o fueron simplemente un sueño o una alucinación. Recordó que Pablito y Néstor le acompañaron al precipicio y saltaron con él, pero ahora no estaba seguro de lo que allí había ocurrido.

Al llegar a México, en algún momento de los años 1974 o 1975, Castaneda se sorprendió al descubrir que había un grupo de aprendices mucho más grande del que él era consciente. No sólo Pablito y Néstor esperaban su regreso sino también otro hombre y un grupo de cinco mujeres. Todos ellos habían sido aprendices de don Juan

Matus y Genaro Flores con Castaneda. Ansiosamente esperaban el regreso de Castaneda a México para poder continuar y completar su mutuo aprendizaje, con el objetivo de mejorar sus habilidades juntos en un grupo de hechiceros tradicional. Ellos estaban también preparados para completar tareas específicas y pruebas que Matus había dispuesto para ellos. Cuando llegó Castaneda, inmediatamente se encontró con doña Soledad, que él conocía como la madre de Pablito (como la describí en el primer capítulo).

En sus primeros libros, Castaneda hacía mención a un grupo de mujeres, pero erróneamente creyó que eran espectadoras o miembros de la familia. De hecho, eran parte de un círculo de estudiantes reunidos por don Juan para acompañar a Castaneda, Pablito y Néstor. Las interacciones entre ellos y Castaneda habían sido muy limitadas y controladas. Ellos conspiraron con don Juan y don Genaro para ocultar su participación en el aprendizaje de Castaneda. Matus se lo había ocultado a Castaneda.

Nosotros sabemos ahora que Matus había 'creado', es decir, descubierto y designado, a dos aprendices masculinos (Castaneda y Eligio) y cinco femeninos (Lidia, Josefina, Elena, Rosa y Soledad). Las mujeres vivían con Pablito y se hacían pasar por sus hermanas. Don Genaro tenía tres aprendices masculinos: Pablito, Néstor y Benigno.

Esta es la primera de algunas reinterpretaciones de los eventos seminales que ocurrieron mientras Castaneda y Matus estuvieron juntos entre 1960 y 1973. Podemos interpretar esto de varias formas. Podía haber sido sólo un intento al estilo Hollywood para crear secuelas. El editor y el autor pudieron buscar una forma para publicar más libros incluso aunque la historia hubiese terminado; simplemente volviendo a los mismos hechos, pero añadiendo material que supuestamente se había ignorado la primera vez. Podía indicar una estrategia literaria para introducir nuevos confidentes cuya información y recuerdos iluminaran hechos y perspectivas que no se habían apreciado anteriormente.

O, tercero, podía introducir una hipótesis sobre el recuerdo en sí mismo, uno que hace posible volver a recordar y descubrir cosas aparentemente desconocidas que finalmente ocurrieron. Los eventos fueron almacenados en la memoria aunque no se registraran como eventos percibidos cuando sucedieron. Esta es la intención de Castaneda: redefinir cómo percibimos y recordamos los hechos experimentados. Debido a la naturaleza dual de nuestra conciencia, seleccionamos algunas parte de la experiencia para ser conscientes de ello y recordarlo conscientemente. Todos los otros aspectos de nuestra experiencia los ignoramos y olvidamos. Esos elementos olvidados permanecen almacenados en algún lugar de nuestro ser luminoso y pueden recordarse posteriormente.

Desde entonces, cada nuevo libro presentaba nuevos personajes o eventos durante el período de aprendizaje correspondiente a los años 1960-1973. Si la teoría del recuerdo de Castaneda es correcta, es posible que nuestros seres luminosos contengan recuerdos de eventos y personas que fueron ignorados y olvidados durante la experiencia original, pero almacenados en algún lugar para recordarlos posteriormente. Los eventos que no se designan como reales se descartan en ese momento, pero permanecen almacenados como profundos recuerdos que pueden salir de nuevo a la superficie. La acumulación total de estos recuerdos profundos puede ser más grande que la suma de todo lo que consideramos recuerdos reales de nuestras vidas.

Castaneda regresó a México para encontrar una explicación sobre don Juan y don Genaro y confirmar qué le había ocurrido. En vez de ello, se encontró a sí mismo inmerso en una lucha primitiva de hechiceros aprendices por conseguir el poder. A su llegada a México, inmediatamente cayó en un combate mortal con doña Soledad (como se describe en el primer capítulo). Antes de darse cuenta dónde se había metido, sintió cómo ella le estrangulaba con su cinta del pelo. Castaneda sintió un escalofrío cuando alguna parte de él se elevó por encima de la escena. Se vio a sí mismo asesinado, aparentemente desde una posición aparte. Enloquecido, su parte separada golpeó a doña Soledad en la frente, liberándoles así de su agarre mortal. Una parte fantasmagórica de la mujer voló y se acurrucó en la esquina de la habitación 'como una niña asustada'.

Matus había preparado y dirigido a otros aprendices para que acecharan y asesinaran a Castaneda, supuestamente para robarle su poder. Castaneda les había pedido hacerlo, pero lo había olvidado. Algunos años antes, mientras se encontraba en un estado elevado de conciencia, Castaneda se lamentó de que probablemente volvería a la conciencia normal y olvidaría que su nueva conciencia había existido. Pidió a don Juan y a otros aprendices que le mataran si esto pasaba para evitar sumirse en la ignorancia. Así que hicieron un voto para hacerlo.

Matus sabía que Castaneda volvería a México con su razón firmemente controlada, lo que significaba que habría perdido todo su conocimiento de hechicería. Cómo Castaneda se lo pidió, Matus instruyó y preparó a otros aprendices para retarle, sabiendo que el aumento de conciencia sólo llegaba con los desafíos de vida o muerte.

La prueba para Castaneda era saber si su razón podía prevalecer. En caso de que así fuera, ignoraria el desafío, lo derrotarían y moriría. Si por el contrario su razón perdía el control, sus poderes hechiceros podrían liberarse para protegerle, confirmando y avanzando en su entrenamiento de brujería.

Castaneda pasó las pruebas. Una después de otra, su poder emergió y sobrevivió, hiriendo a los otros aprendices gravemente. Él curó sus heridas, lo cual le confirmó como líder. En sus instrucciones, Matus les pidió que se ayudaran mutuamente para buscar el poder y los conocimientos requeridos para entrar 'al otro mundo' donde se habían refugiado Matus y Genaro. Ellos necesitaban y esperaban que Castaneda les guiara.

* * * * *

Cuando Juan Matus encontró por primera vez a Castaneda y le designó como su sucesor para entregarle su conocimiento, también reunió a este grupo de cinco mujeres y tres hombres para ayudarle. La evolución de un hechicero es también ardua y peligrosa para ser llevada a cabo por una sola persona. Así como Castaneda tuvo su original historia sobre su primer encuentro con Juan Matus, los demás aprendices presentaron historias convincentes sobre sus primeros encuentros con el mundo de la hechicería y las transiciones de sus vidas previas.

Las cinco mujeres eran conocidas como las 'pequeñas hermanas'. Matus encontró a Lidia y Josefina mientras visitaba unos pueblos pequeños en las montañas. Lidia fue abandonada en un granero, extremadamente enferma. Genaro la llevó a su casa y cuidó de ella. Matus encontró a Josefina mientras visitaba a un curandero. Era conocida como una chica loca que no paraba de llorar y su familia se mostró encantada de dejarla con don Juan cuando éste se ofreció para curarla. Rosa topó con Matus mientras perseguía a un cerdo por un camino rural y comenzó a gritarle. Los hechiceros no están destinados a tropezarse con personas de repente, así que Matus vio su encuentro como un presagio. Él la gritó también y la retó a dejarlo todo y acompañarle cuando se marchara de la zona al mediodía, como así ocurrió.

Elena tuvo dos hijas con un marido que la maltrataba, y había llegado a estar muy obesa. Después la sedujo otro hombre y la llevó a una ciudad diferente, pero se quedó embarazada de nuevo y la forzó a mendigar en la calle con un bebé enfermo en sus brazos. Cuando escapó y regresó para buscar a sus dos hijas, la familia de su primer marido la apedreó y la dejó prácticamente muerta. Ella encontró a Pablito mientras hacía autostop y la llevó a trabajar a su lavandería, donde Matus la encontró. Ellos la llamaban La Gorda.

Doña Soledad no era estrictamente un miembro del grupo. Era conocida como Manuelita y se hacía pasar por la madre de Pablito. Como por entonces la hechicería era un tabú en México y por lo tanto peligroso, los aprendices tenían que buscarse estrategias para ocultar lo que hacían. Por eso vivían juntos en una casa haciéndose pasar por una familia. Llevaban sus imitaciones con gran fervor, porque era también una disciplina del hechicero llamada 'al acecho', que describiré más tarde.

Según Matus, las mujeres eran mejores hechiceras que los hombres. Las mujeres encontraban mucho más fácil desaparecer de sus vidas primeras porque en las sociedades tradicionales sus familias no dependían de ellas para llevar el nombre de la familia o un negocio. Podían desaparecer fácilmente a menos que los hombres de dichas familias no les permitieran normalmente marcharse.

Según Pablito, todas las mujeres del grupo de Castaneda estaban desesperadas cuando conocieron a Matus. Los aprendices masculinos, decía, que eran conocidos como 'los Genaros', tenían vidas normales, 'buenas y felices'.

Cuando trabajaba en el mercado, Pablito se enamoró de una chica que trabajaba cerca de él. Formó su familia en una caseta de mercaderes que tenía un escondite secreto donde los dos amantes vivían y hacían el amor. Genaro y Matus veían la mesa vibrar cada día y la ahuyentaban. Cuando Pablito se dio cuenta de la fuerza que tenía don Juan, le contrató como peón y éste le siguió el juego. Después Genaro le dijo que Matus era fuerte debido a una poción que elaboraba y convenció a Pablito para comenzar un negocio juntos.

Benigno era uno de los cinco jóvenes que Castaneda y Matus se encontraron en el desierto en uno de sus paseos. Eligio vivía cerca y conocía a Matus desde la infancia. Cuando escuchó hablar del aprendiz americano

(Castaneda), fue a casa de Matus para conocerle justo el día en que éste planeaba dar peyote a su nieto. En lugar de enganchar a su nieto, Matus se decantó por Eligio. Eligio conectó inmediatamente con el mundo de los hechiceros y por eso nunca le consideraron un aprendiz que estuviera formándose. Néstor era un curandero que compraba hierbas a don Genaro. Cuando persiguió a éste por las colinas intentando descubrir la fuente de su proveedor, fue alcanzado por un rayo y Genaro curó sus heridas.

* * * * *

Los ocho aprendices, aceptados ahora como los cohortes de Castaneda, establecieron una serie de encuentros para exhibir sus respectivos poderes delante de los otros. Esperaban crear un grupo tradicional de hechiceros.

Las mujeres representaron una serie de acciones en las que llegaban a ser puras bolas de energía. Se agarraban a las líneas de energía y las usaban para saltar o volar, u ocultarse detrás. Castaneda miraba pero al igual que con Genaro Flores en la cascada, sólo podía percibir sus imágenes humanas representando imposibles hazañas acrobáticas. Su razón continuó reafirmándose y le prevenía de ver.

Fue frustrante para el grupo de aprendices. Castaneda debía ser su líder indiscutible pero él seguía comportándose como un principiante o, mucho peor, como un extraño. Después de una larga lucha, aceptaron sus limitaciones a regañadientes. Aunque sus poderes podían emerger cuando había una pelea a vida o muerte, seguía sin poder ver, así que era obvio que no podía liderar el grupo. Esto significaba que no podían avanzar en sus misiones y que su entrenamiento previo resultaba inútil.

Finalmente, en un dramático enfrentamiento, perdonaron a Castaneda y pusieron sus expectativas a un lado. En ese momento, las orejas de Castaneda de repente se destaparon. Pudo recordar los eventos que había presenciado antes. En su nuevo recuerdo, vio las bolas puras y líneas de energía que las mujeres habían usado para realizar su magia. Por primera vez pudo verles como un acto opuesto a mirarles.

La lucha de Castaneda reveló la paradoja central de la percepción. En el proceso de dos pasos que comprende la percepción, donde estamos continuamente recordando, tenemos dos conjuntos separados de datos que percibimos, pero elegimos ver y recordar sólo uno.

Como decía Castaneda, él era *'demasiado perezoso para recordar lo que había visto; por ello sólo me molesté con lo que había mirado... es difícil creer que pueda recordar ahora algo que no recordaba en absoluto hace sólo un momento.'*

Él concluyó que todos nosotros miramos y vemos al mismo tiempo, pero *'elegimos no recordar lo que vemos'*. En el proceso de percepción de dos pasos, nosotros siempre vemos primero, pero inmediatamente ignoramos lo que vemos para enfocarnos sólo en lo que miramos en su lugar. El acto de la percepción es *'el centro de nuestro ser'*.

Cuando crecemos, desarrollamos nuestra atención. La atención es la habilidad para 'retener las imágenes del mundo'. Una vez que podemos percibir el mundo acordado y mantenerlo en su lugar, nuestra percepción llega a ser un constante proceso de dos pasos repetitivos que siempre produce el mismo ser en el mismo mundo.

El primer paso es el acto crudo de la percepción, en el cual el capullo de energía consciente interactúa con otra energía semejante. El segundo paso es nuestra mágica habilidad para dejar a un lado la percepción primera e imponer las imágenes familiares de nuestro mundo normal que estamos viendo. Siempre percibimos el mundo real que acordamos. Hacemos esto con otros a los que les han enseñado lo mismo. Todos nosotros negamos contundentemente tal cosa incluso cuando es posible.

Cuando un punto de ensamblaje se fija en una posición dentro del capullo y alinea la energía que corre a través de él, el resultado es un sueño. Todos somos soñadores soñando juntos. Este es el acto básico para todos los seres sensibles, es el acto de magia. Cada una de las especies y tipos de seres hacen lo mismo. Nacemos perceptores, insertados en el ser en un sitio determinado, pero capaces de percibir muchos mundos. Aprendemos a percibir un mundo exclusivamente, intensivamente y tan completamente como nos es posible. Para retener las imágenes de un mundo acordado, lo pensamos y lo comentamos una y otra vez, ampliando y profundizando nuestra comprensión de nuestro proyectado mundo, llamándolo inteligencia.

La exclusiva conciencia del mundo ordinario se alcanza primero en la infancia, no mucho después de nacer. Mantenemos nuestro enfoque estable durante la vida haciendo un esfuerzo constante. Normalmente, no somos conscientes de este esfuerzo que mantiene ensamblado nuestro mundo, así como somos también inconscientes del sistema nervioso autónomo que mantiene funcionando a nuestro cuerpo.

Nos involucramos y nos enredamos nosotros mismos con el mundo acordado a través del lenguaje, las imágenes y los símbolos. Con estos producimos un flujo constante de diálogo interior y exterior a través del cual mantenemos y continuamente refrescamos la conciencia de nuestro mundo. Este mantenimiento consciente y subconsciente de nuestra atención monopoliza nuestra energía, dejándonos sin nada.

Otra forma de describir este proceso es hablar de dos tipos de atención. La 'primera atención' es nuestra conciencia del mundo real acordado. Al nacer, no disponemos de esta atención. Se ha tenido que desarrollar. Aprendemos muy pronto en la vida cómo aferrarnos a esas imágenes del mundo acordado y, una vez involucrados en ellas, nos enseñan a no cuestionarlas nunca. Nos enganchamos al 'anillo de poder' que nos compromete completamente con el mundo. Toda nuestra energía y nuestro completo sentido del ser se asignan a aquel anillo de poder.

La primera atención consiste en atender a lo conocido. La 'segunda atención' es la atención de lo desconocido, que mantenemos fuera de la conciencia. Justo antes del momento de la muerte, la pérdida de energía vital causa el fin del proceso de percepción de dos pasos. Entonces emerge la segunda atención junto con todos los recuerdos ocultos que la contienen y se revela un universo inexplicable.

Hay una forma de alcanzar la segunda atención durante la vida utilizando los procesos intermedios del diagrama de los ocho puntos: el sueño, la vista y el sentimiento.

Así como no había pasos estándar para alcanzar la primera atención en la infancia, tampoco hay ninguno para la segunda atención. Se debe hacer con un total esfuerzo nacido de una intención clara y persistente. Necesita ser una cuestión de vida o muerte, por eso Matus preparó a los aprendices para matar a Castaneda. Sin el ímpetu de una situación de vida o muerte, los humanos nunca serán capaces de alcanzar la segunda atención.

Capítulo 8
SOÑANDO JUNTOS

Debido a que sus libros formaban parte de una serie, Castaneda decidió reintroducirse él mismo al comienzo de cada uno de ellos para revisar el material previo, recordarle al lector fiel dónde lo había dejado y poner al día rápidamente a los nuevos lectores. Utilizaba estas reincorporaciones para explicar también cómo su comprensión de las enseñanzas de Matus cambiaron con el tiempo.

En el prólogo a su sexto libro y el primero publicado en 1981, *El Don del Águila*, Castaneda redefinió algunos de los términos de Matus. Al principio, Castaneda se presentaba como un antropólogo que estudiaba los usos de plantas psicodélicas pero después se dio cuenta de la verdadera intencionalidad de Matus. Descubrió que Matus y Genaro no eran realmente hechiceros, sino practicantes de un antiguo conocimiento relacionado con la hechicería, muy diferente de la brujería del pasado. Castaneda pasó de ser un intelectual que estudiaba el fenómeno antropológico a participar activamente en un aprendizaje de hechicería.

En este punto y, como se refleja en sus libros, su trabajo se había 'transformado en una autobiografía'. Aseguró al lector que sus aventuras 'no eran ficción'; nos parecían irreales porque resultaban extrañas.

* * * * *

Su libro anterior, *El Segundo Anillo de Poder*, mostraba a un Castaneda presionado para trasladarse de la primera a la segunda atención mediante luchas a vida y muerte. *El Don del Águila* trata sobre el siguiente paso: moverse desde la primera a la segunda atención sin el ímpetu de un encuentro mortal. Este libro describe las técnicas para moverse intencionadamente de la primera a la segunda atención una vez que se compromete a hacerlo.

La división de la conciencia humana en la primera y la segunda atención no es una aberración o corrupción. Refleja la división de la conciencia en el universo. Una pareja básica de opuestos existe en cualquier lugar, como el tonal y el nagual, lo conocido y lo desconocido.

El humano conocido está constituido por todo lo que consideramos parte de nuestra vida, todo lo que recordamos y aquello que nuestro intelecto puede concebir. Se define por nuestro sentido y lenguaje y está gobernado por la razón fundamentalmente. La conciencia conocida se llama la *'primera atención'*; otro nombre es la del *'conocimiento del lado derecho'*.

Aunque la conciencia de lo desconocido es primaria porque está con nosotros desde el nacimiento, se llama segunda atención porque lo aprendemos después de hacernos competentes en la primera. La atención secundaria es también conocida como '*la conciencia del lado izquierdo*'. La conciencia del lado izquierdo es la conciencia de lo desconocido cuando nos topamos con el vasto océano de la conciencia. Es '*un reino de características indescriptibles: un reino que es imposible contener en palabras*'. En lo desconocido percibimos con nuestro ser por completo. Lo desconocido no está constreñido por la razón. Va más allá del lenguaje y no se puede describir con palabras.

La razón y el lenguaje sólo comprenden una pequeña parte de la totalidad de nosotros mismos. En la otra, mucho más vasta, hay una parte de otra clase de conocimiento que existe sin la razón y el lenguaje.

La conciencia del lado izquierdo conoce la del lado derecho, pero éste, donde normalmente pasamos nuestras vidas, no suele ser consciente del lado izquierdo. Si alguna vez estamos en este lado y volvemos al lado derecho, olvidamos cualquier cosa que haya acontecido. Pueden existir eventos ya pasados y períodos de tiempo donde parece correr una cortina y los recordamos levemente, como un borracho a la mañana siguiente o bajo estado hipnótico o anestesia. Los datos e imágenes se pierden en la memoria y ésta hace un enorme esfuerzo por recordarlos. Normalmente, es imposible recordar si nadie estuvo allí con nosotros para refrescarnos la memoria y ayudarnos más tarde, a través de la deducción, a aproximarnos suficientemente para que los detalles relacionados sigan allí y evoquen nuestro recuerdo.

En cierto sentido, la memoria es el principal tema de la obra completa de Castaneda. La memoria, sin alucinógenos, es la clave de otros estados de conciencia. Pero la memoria no es lo que pensamos. Nuestra memoria normal es más como una negación de la memoria; es sólo una pequeña colección selectiva de unos cuantos objetos que nuestra racionalidad e identidad han elegido como su bandera para congregarse alrededor. Existe un vasto almacén más allá de los recuerdos del otro yo, en la segunda atención. El cuerpo luminoso almacena recuerdos comenzando desde el momento del nacimiento; que son parte del otro ser, inaceptable para la primera atención y el ser normal.

La segunda atención, también conocida como el otro ser, el lado izquierdo de lo desconocido, es consciente de la primera, que es el ser normal, el lado derecho de lo desconocido. Pero la primera atención, el lado derecho, no es consciente del lado izquierdo. Nuestra labor consiste en conseguir que la primera atención acepte la existencia de la segunda para recordar la totalidad del ser de uno mismo.

La conciencia está divida de manera desigual en tres partes. La más pequeña es la primera atención, el mundo conocido y el cuerpo físico, y la atención de cada día necesaria para tratar con la vida normal.

La segunda atención es un dominio mucho más grande. Permanece en segundo plano en la mayoría de nuestras vidas, sólo emergiendo a través del trauma, o la intervención química o médica, o por un entrenamiento deliberado. La segunda atención se revela en la muerte para todos nosotros, cuando la primera ya no tiene energía para afirmarse. La segunda atención abarca todas nuestras percepciones negadas y recuerdos almacenados y la conciencia y el recuerdo de nosotros mismos y de otros como capullos luminosos.

Nuestra vida en la primera atención está compuesta

de retos destinados a conducirnos a la segunda. La segunda es el campo de batalla para alcanzar la tercera atención, la última y más larga. Castaneda no describió la tercera atención en sus obras; según Matus, se trasladó allí con Genaro cuando Castaneda saltó por el acantilado.

* * * * *

La narración del libro anterior continuó con *El Don del Águila*. Castaneda y los otros ocho aprendices siguieron enfrentándose entre ellos en una lucha por el poder. Los otros esperaban que Castaneda actuara como su líder, pero poco a poco descubrieron, cómo les decepcionó varias veces, que él se encontraba en una trayectoria diferente. Cada vez que se enfrentaban entre ellos con sus respectivos poderes, Castaneda se concentraba para proteger su propia vida y herirles. Paulatinamente, sus esfuerzos guiaron al grupo a una casa en otra ciudad del centro de México donde encontraron poderosos recuerdos pero aparentemente imposibles.

De alguna forma recordaron pasar mucho tiempo en esa casa y poco a poco recordaron también que allí estaba otro profesor que les dirigía, además de Matus y Genaro. Su nombre era Silvio Manuel. Manuel también les había enseñado en aquella casa, pero no lo recordaban. Dedujeron que cada vez que se encontraban con Manuel lo hacían en la segunda atención, por eso habían olvidado toda conciencia de él.

Poco a poco descubrieron, a través del razonamiento y el recuerdo, que Matus y Genaro le habían permitido intencionadamente estar con Castaneda y los jóvenes aprendices en su primera atención normal muchas veces. Pero había también un viejo grupo de hechiceros alrededor de Matus de cuyas reuniones los jóvenes no guardaban recuerdos. Ellos les encontraron ocasionalmente pero sólo en la segunda atención; en la primera, no tenían recuerdos de este grupo.

Como una estrategia de aprendizaje, los hechiceros más viejos hacían que los jóvenes presenciaran eventos y aceptaran explicaciones del grupo más grande de profesores pero sólo en la segunda atención. Los aprendices nunca los encontraron en la primera o escucharon mencionar los nombres de los viejos profesores mientras estaban en la primera atención. Su existencia era desconocida en la conciencia diaria normal de los jóvenes aprendices.

Si los eventos y enseñanzas del grupo más grande de maestros se hubieran encontrado en la primera atención, la razón habría intervenido y desafiado o rechazado cualquier cosa que no consideraran real y verificable. Al enseñar a los aprendices la segunda atención, los viejos hechiceros impartían su conocimiento directamente a los estudiantes en un estado mental donde todo podía ser experimentado rápidamente y entonces almacenado en la memoria sin la interferencia de la razón. Aunque las enseñanzas se olvidaran, se almacenarían en el cuerpo luminoso.

Los aprendices fueron abandonados a su suerte, de regreso a la primera atención, con la tarea aparentemente imposible de recordar lo que habían aprendido, como un sujeto de hipnosis intentando recordar lo revivido en un estado de trance. El reto que sus profesores les proponían con su técnica de enseñanza es el reto al que todos nos enfrentamos para recuperar la totalidad de nosotros mismos.

Los aprendices recordaron que Castaneda tenía una

relación especial con Silvio Manuel; de hecho, había resultado seriamente herido y Manuel salvó su vida. Sospechaban que Manuel había esclavizado a Castaneda de alguna forma y éste intentaba ahora esclavizarle a su vez. Estos y otros confusos recuerdos revelaron a todos que no pertenecían juntos. Se separaron abrupta y finalmente, menos una mujer, La Gorda, que continuó pasando el tiempo con Castaneda. Él abandonó el grupo y volvió a Los Ángeles. Más tarde, se unió a La Gorda, solo, en Arizona.

* * * * *

Esta realineación, la separación de los jóvenes aprendices, supuso el comienzo de un nuevo ciclo de aprendizaje, donde Castaneda y La Gorda trabajaron juntos como iguales en Arizona y Los Ángeles. Juntos exploraron un nuevo mundo que consiguieron abrir por deducción e investigando en sus sueños.

La única forma para la primera intención de recordar objetos de la segunda, es a través del sueño. Ya que habían compartido experiencias en la segunda atención, asumieron que podían ser capaces de soñar juntos y, haciéndolo así, recordar cosas.

Para soñar juntos necesitaban dormirse al mismo tiempo aunque no necesariamente en el mismo sitio. Sabían que sus maestros habían discutido sobre soñar juntos; sucedía espontáneamente si había una intención compartida. Ya que cada uno había aprendido separadamente lo básico del sueño -que se detallaría en el siguiente libro de Castaneda, *El Arte de Ensoñar*-, poco a poco descubrieron cómo encontrarse en sus sueños compartidos y explorarlos juntos, revelando recuerdos que compartían mientras estaban en el otro yo.

Según Castaneda, al soñar juntos, estaban recapitulando lo que todos los humanos hacemos cuando somos bebés y aprendemos a unirnos al mundo que nuestros mayores nos imparten. El capullo luminoso natural sueña espontáneamente junto a otros, lo que significa que ponen sus puntos de ensamblaje en las mismas posiciones. Los participantes pueden entonces acordar los contenidos del mundo que comparten, lo que los hace reales. Soñar juntos es lo que hacemos cuando nos unimos a cualquier mundo; es también el procedimiento que los videntes de don Juan usaban para recordar información y los recuerdos que estaban almacenados en la segunda atención.

El objetivo de la primera parte del entrenamiento hechicero de don Juan era crear entre los aprendices recuerdos compartidos en la segunda atención. Castaneda y La Gorda sabían que tenían los mismos recuerdos compartidos, aunque ocultos porque don Juan así lo había estipulado. Tras descubrirse en un sueño compartido mediante la exploración mutua, llegó a convertirse en algo real para ellos; ser real significaba estar de acuerdo con alguien. Una vez que el sueño compartido se hizo real, llegó a formar parte de la primera atención y pudieron recordarlo. Así pudieron liberar otros recuerdos como en una riada.

En estos sueños comunes, Castaneda y La Gorda se encontraron en un recuerdo compartido pero olvidado, donde se vieron a sí mismos en una gran casa de México con un numeroso grupo de hechiceros, incluidos Matus y Genaro. Los recuerdos se almacenaban en posiciones muy precisas del punto de ensamblaje. Al encontrarse en un sueño, localizaron juntos espontáneamente la misma posición precisa del punto de ensamblaje. Así, compartieron una conciencia constante en esa memoria mientras se desarrollaba una recreación. Revivieron recuerdos que habían perdido previamente. Según Castaneda, los recuerdos que son reubicados de esta forma pueden revivir incluso con más claridad e intensidad que la experiencia original.

Castaneda y La Gorda recordaron que no estaban solos sino que formaban parte de un grupo más grande de hechiceros, incluidos otros aprendices que habían compartido el grupo muchas veces. Pero ¿quién era esa gente? ¿Qué ocurrió? ¿Cómo habían pudido olvidarlo?

En este punto del relato en curso, ayudado por La Gorda, contó una historia completamente desconocida de su propia vida recordando cosas en sueños y trayendo estos recuerdos previos desconocidos a su conciencia normal.

Un cínico podría preguntar: ¿Qué significa esta continua introducción retroactiva de nuevos eventos y personajes del pasado? ¿Es otro truco publicitario para asegurar más beneficios editoriales? ¿O es la relación entre las atenciones primera y segunda y la recuperación de los recuerdos y mundos perdidos de la segunda atención la bisagra que abre el alcance real de los trabajos completos de Castaneda? ¿Esto nos conduce al centro de la filosofía del autor?

Si es cierta la filosofía subyacente de los capullos y filamentos de energía, entonces todas las historias de Castaneda son posibles y mucho más. Si el universo está compuesto de energía consciente y posee una multitud de puntos de ensamblaje donde la percepción puede ensamblarse en muchos mundos, entonces nuestra maestría parcial de nuestro punto de percepción, aunque absolutamente crucial para sobrevivir, es verdaderamente una cuestión muy pequeña. Si nuestro mundo conocido es justo una pequeña isla en un vasto universo desconocido e inconcebible, la única actividad que merece la pena para nosotros es organizar nuestra isla como nuestra plataforma de lanzamiento desde la cual exploremos el vasto desconocido.

Castaneda y La Gorda procedieron a través de un proceso combinado de deducción y sueño juntos y recordaron concluir que les ocurrieron muchas cosas con Matus y sus coetáneos que habían olvidado.

Dedujeron que probablemente habían experimentado la mayoría de su aprendizaje en la segunda atención. Poco a poco recordaron que habían sido aprendices de una gran familia de maestros, incluidos Matus, Genaro, Manuel y 13 más. Estos hechiceros adicionales condujeron exclusivamente sus enseñanzas mientras los estudiantes se encontraban en la segunda atención. De alguna forma, los estudiantes fueron obligados a entrar en la segunda atención cuando interactuaron con el gran grupo de viejos hechiceros.

En la primera atención, a los estudiantes sólo se les permitía estar con Matus y Genaro, así que recordaron correctamente las interacciones con ellos. Para que Castaneda y La Gorda pudieran recordar al resto de maestros y todas sus experiencias con ellos, tuvieron que acceder y controlar su primera y segunda atención juntas.

De hecho, en esto consistía el método de enseñanza. El objetivo era adquirir la habilidad para moverse entre la primera y la segunda atención. Sus viejos profesores les informaban directamente, pero esta información era inaceptable para el razonamiento y, por lo tanto, rechazada por la primera atención. La información se la dieron mientras estaban en la segunda y la almacenaron allí.

Los profesores del grupo de don Juan Matus eran capaces de controlar la atención de los estudiantes. De alguna forma podían mover los puntos de ensamblaje de muchos aprendices al mismo punto y al mismo tiempo. Al hacer esto, preparaban a los estudiantes para reaprender en su vida toda la información que habían almacenado, poniendo de este modo aquella información en la primera atención. Al recordar, alcanzaban la comprensión y el control de los dos lados de su conciencia, llegando a la totalidad de ellos mismos. Mediante este esfuerzo, aprendieron cómo mover sus propios puntos de ensamblaje para así completar su formación.

* * * *

En este punto del relato, hacia la mitad del *El Don del Águila*, el tono de voz de Castaneda cambió abruptamente. Antes de esto, la historia de Carlos Castaneda y don Juan había tratado sobre un aprendiz incierto y torpe que seguía adelante a pesar de sí mismo -lleno de dudas y preguntas-. Cuando Castaneda recordó su otro yo con la asistencia de La Gorda, cambió su tono de voz.

Él podía ver ahora todo el alcance de la tarea de aprendizaje y recordar lo que don Juan había dejado para él. Recordó y comprendió la información histórica que don Juan le transmitió sobre su herencia compartida. Comenzó a contar confiadamente el mito de la forma de vida de los antiguos hechiceros y la historia de la brujería.

Al traer a su memoria una serie de recuerdos de su tiempo vivido con Matus, Castaneda y La Gorda descubrieron que se habían unido a sus ocho aprendices coetáneos en un esfuerzo de formar un grupo tradicional de hechiceros de acuerdo con la antigua tradición de 'los antiguos hechiceros de México', que había evolucionado en algo llamado la tradición de los 'nuevos videntes' o los 'hombres de conocimiento'. Don Juan Matus, Genaro Flores y sus cohortes actuales eran nuevos videntes. No se consideraban ya hechiceros pero procedían de la tradición hechicera.

Según esta tradición, existió un largo período de la civilización humana en los continentes americanos, especialmente en México, que estuvo dirigido por un grupo que Matus llamaba los antiguos hechiceros de México o los Toltecas. La religión de esta cultura, de acuerdo con la tradición, comenzó hace 10.000 años y se centraba en la exploración y manipulación de la segunda atención.

Esta original civilización tolteca alcanzó su cenit en el período comprendido entre el 5.000 y el 2.000 CE y estaba situada alrededor del Valle de México. Fue entonces conquistada por una civilización diferente que no se nombra pero que probablemente fuera la civilización Maya. La religión tolteca continuó existiendo bajo el nuevo régimen pero con el tiempo se hizo corrupta, débil y vulnerable.

Los hechiceros siempre habían destacado por usar su conocimiento para controlar y aprovecharse de sus semejantes. Cuanto más decaía la religión, más conocida se hacía por sus excesos y mal comportamiento. Apenas sobrevivió hasta la conquista española. Con su tecnología superior, la Cristiandad y la Inquisición, los españoles cazaron y exterminaron a todos los hechiceros toltecas que quedaron y pudieron encontrar.

Los grupos aislados sobrevivieron a la Inquisición, con nuevas leyes estrictas que aseguraban discreción absoluta. Se mantuvieron vivos en grupos pequeños y separados y resistiendo las difíciles condiciones de opresión y así emergió una nueva, fuerte y mejor organizada versión de las viejas creencias. Se evitó y rehuyó usar la hechicería para controlar y manipular a otra gente que sólo traía violencia y destrucción como respuesta. Esta nueva versión son los *'nuevos videntes'* o los *'hombres del conocimiento'*. El grupo de Don Juan Matus eran 'nuevos videntes'; su linaje secreto se remontaba a 14 generaciones.

* * * * *

En la nueva versión de la antigua religión tolteca, grupos de aprendices guerreros vivían aislados de otros grupos. De generación en generación, cada tropa se reunía y era patrocinada y entrenada por una generación más antigua, quienes eran su reflejo en número y carácter. Los hechiceros entrenados en el grupo más viejo podían moverse libremente de una atención a otra. Podían también manipular la conciencia de los estudiantes moviendo su conciencia desde la primera a la segunda atención y volviendo de nuevo.

Una vez que reunían su grupo de aprendices, los hechiceros los manipulaban hacia la segunda atención y directa y rápidamente les transmitían sus enseñanzas, que se almacenaban en la segunda atención de los estudiantes. Éstos volvían a la primera atención donde habían olvidado lo aprendido. La generación más vieja abandonaba entonces el mundo, bien muriendo o viajando a la tercera atención. Los estudiantes más jóvenes se dispersaban y debían encontrarse de nuevo mientras estuviesen en la primera. Tenían que ayudarse entre ellos para recordar lo que habían aprendido de sus profesores en la segunda atención, como hicieron Castaneda y La Gorda. De esta forma, la primera atención permitía a la segunda entrar en su conciencia a través del recuerdo y el sueño.

Una vez en la segunda, el otro yo se descubre e integra en la primera atención; el hombre o mujer que lo ha logrado, accede a la totalidad de su ser y puede *'ir directamente a los recuerdos de nuestra luminosidad con resultados insondables'*.

Los recuerdos de nuestra luminosidad pueden incluir familia o recuerdos tribales y raciales que se habían transmitido por generaciones. Debido a que los recuerdos pueden almacenarse en posiciones del punto de ensamblaje, se pueden transmitir inconscientemente durante generaciones a través del proceso del sueño junto a los padres y ancianos. El punto de ensamblaje no sólo selecciona y ensambla la percepción, también la almacena. Los recuerdos se mantienen en las posiciones precisas del punto de ensamblaje y pueden transmitirse por generaciones.

* * * * *

A través de la interacción con los viejos guerreros en la segunda atención, a los aprendices se les da una *'plataforma de apoyo'* en lo desconocido. Se cultiva un pequeño puesto del otro yo y se deja en su lugar *'llenándolo deliberadamente con recuerdos de interacción. Los recuerdos se olvidan sólo para resurgir algún día y servir como un puesto racional desde donde partir hacia la vastedad inconmensurable del otro yo.'*

Al final del libro *El Don del Águila*, Castaneda redescubrió la 'plataforma de apoyo' que sus profesores le ayudaron a construir. También recordó todos los eventos que condujeron a su separación del joven grupo de guerreros con los que había estudiado. Aquellos aprendices se quedaron sin un líder y Castaneda siguió su propio camino lejos de ellos.

Capítulo 9
CAPULLOS Y FILAMENTOS

Los libros séptimo y octavo, *El Fuego Interior* y *El Silencio Interno*, fueron publicados en 1984 y 1987. En estos dos libros, Castaneda finalmente ofreció un claro resumen de la filosofía que descansaba detrás de su narrativa.

Habían pasado 25 años después de su primer encuentro con Matus (en 1960), más después de 16 años de la publicación de su primer libro (1968) y más de una década de su aprendizaje con Matus, que finalizó en 1973.

Le llevó mucho tiempo y esfuerzo llegar a este punto. Al descubrir esta filosofía, finalmente reveló una profunda consistencia que redefinía y clarificaba todos sus escritos anteriores. Siguieron las preguntas sobre la veracidad y orígenes de sus historias pero se cerraron las grietas de inconsistencia e incoherencia. Antes los críticos podían decir que sus narraciones no tenían sentido, fueran verdad o ficción. Después de esto, tuvieron que reconocer que tenía sentido aunque siguieron cuestionando si sus historias representaban un hecho, una ficción o habían sido robadas.

Para los propósitos del libro, ya ofrecí una explicación en el cuarto capítulo, *Poder Universal*. Para los antiguos lectores como yo, que leímos los libros uno por uno a medida que iban publicándose, la explicación no llegó hasta ese punto. Es comprensible que, hasta esa fecha, Castaneda fuera considerado por muchos un simple escritor exhibicionista de los años sesenta y setenta que ofrecía una pseudofilosofía alucinógena de la nueva era, con el único objetivo de vender más libros.

El Fuego Interno y El Silencio Interno representan la suma de las enseñanzas de don Juan según la comprensión de Castaneda, enseñanzas que estaban incompletas. Castaneda reconoció que su logro era insuficiente y continuó siendo así en sus trabajos posteriores hasta el final de su obra.

* * * * *

El hombre tiene dos tipos de conciencia, repetía Castaneda: los lados derecho e izquierdo. Ambos reflejan la forma en que el universo se divide en lo conocido y lo desconocido. Las enseñanzas de Matus estaban así estructuradas en dos partes: las enseñanzas para el lado derecho y las enseñanzas para el lado izquierdo. Las primeras eran aceptables para nuestra razón, al contrario que las segundas.

Castaneda adquirió las enseñanzas para el lado derecho mientras estaba en un estado normal de conciencia. El escritor las relató en sus primeros seis libros.

Matus tenía la habilidad para forzar intencionalmente la conciencia de Castaneda y cambiarle de un lado a otro. Cuando quería demostrar o enseñar algo que no aceptaría el ser racional de Castaneda, le hacía cambiar al lado izquierdo. Una vez concluida la lección, Matus le hacía regresar al lado derecho donde olvidaba enseguida lo que acaba de ver y escuchar, aunque la enseñanza permanecía almacenada en algún lugar del lado izquierdo para recuperarla más tarde. Cuidadosamente, Matus organizaba sus enseñanzas para que, una vez se hubiese marchado, Castaneda se encargara de recordarlas. En este recuerdo, Castaneda descubría su otro yo, completando así su entrenamiento. Después de que finalizase su aprendizaje y tras la marcha de Matus, Castaneda y La Gorda descubrieron juntos cómo acceder a los recuerdos ocultos que Matus había almacenado para ellos. Comenzaron a recordar las enseñanzas del lado izquierdo.

Castaneda supo entonces, finalmente, que un grupo de 16 personas le enseñaron en el lado izquierdo durante sus años de aprendiz. No se llamaban hechiceros o llamaban hechicería a sus enseñanzas; más bien, le enseñaron *'cómo dominar tres aspectos de un antiguo conocimiento que poseían: conciencia, acecho e intención. Ellos no eran hechiceros, sino videntes.'*

Venían de una tradición correspondiente a la 'hechicería antigua', la cual había evolucionado hacia un arte más moderno a lo largo del tiempo.

Matus describía la historia humana desde el lado izquierdo, refiriéndose a una *'antigua cadena de conocimientos que se había extendido durante miles de años... a una era anterior a la llegada de los españoles.'* Los hombres y mujeres de esta tradición sabían cómo 'fijar la conciencia' de otra gente, usando el 'conocimiento secreto' para dominar sus sociedades.

Estos poderosos hechiceros dirigieron a las gentes del antiguo México hasta que la zona fue conquistada, primero por otros grupos de nativos americanos y después por los españoles. Éstos exterminaron sistemáticamente a los hechiceros que quedaron. Sólo sobrevivieron pequeños grupos dispersos. Establecieron separados linajes para secretamente preservar el conocimiento y la tradiciones antiguas, pero consideraron que el antiguo sistema habla fallado. Se renombraron a sí mismos los 'nuevos videntes'.

En otra progresiva re-definición de los términos, Castaneda definió la hechicería como la habilidad para forzar a otras personas a cambiar su conciencia utilizando conocimiento secreto. Los antiguos hechiceros usaban estos poderes para dominar y controlar sus sociedades. Los nuevos videntes todavía tenían estas habilidades, pero sólo las usaban para ayudar a otros a conseguir la libertad.

Gracias a que pudo escribir durante más de una década después de la marcha de Matus, el recuerdo de Castaneda pudo progresar hasta el punto de rememorar las enseñanzas básicas que había recibido de Matus, lo que él llamó la 'maestría de la conciencia.' Recordando sus experiencias en la segunda atención, pudo ganar acceso a la totalidad de su ser.

La maestría de la conciencia consiste en ser capaz de moverse libremente desde la primera a la segunda atención y regresar de nuevo, lo que hace disponible y accesible la totalidad del ser.

Hasta ese momento Castaneda continuaba afirmando que sus trabajos y experiencias eran ciertos porque él las iba percibiendo a través del tiempo. Pero debido a que su comprensión y percepción eran incompletas, su representación de los acontecimientos parecía organizada al azar, con cronologías desarticuladas y no discernibles bajo su filosofía. Ya fueran consideradas reales o ficción, su historia fue criticada por estar llena de inconsistencias y contradicciones con respecto a momentos y lugares. Pero una vez que alcanzó la totalidad de sí mismo, por primera vez todo pudo verse desde una sola perspectiva. Si miramos su trabajo desde este punto de vista, no vemos inconsistencias.

El conocimiento que le enseñaron los nuevos videntes incluían la maestría de la conciencia, el arte de acechar y la maestría de la intención.

La maestría de la conciencia trataba sobre las dos partes de nuestro ser y los dos tipos de conciencia y cómo después de una lucha inigualable se integraban a través de la memoria para completar la totalidad de uno mismo. El arte de acechar consistía en gestionar el comportamiento para romper intencionada y armoniosamente el flujo de los eventos y percepciones habituales en la conciencia normal. La maestría de la intención consistía en descubrir y nutrir nuestra conexión al 'espíritu', el flujo de energía consciente universal, hasta que pudiera ser convocada y utilizada a nuestra voluntad.

Castaneda decía que le habían impartido en la segunda atención una formación completa sobre los tres temas. Había logrado recordar el primero, la maestría de la conciencia, pero nunca recuperó y elucidó los otros dos grupos de enseñanza en su trabajo escrito: el arte del acecho y la maestría de la intención.

Su incapacidad para dominar el arte del acecho explica probablemente la torpe presentación de su historia como una autobiografía. Lo que Castaneda probablemente pretendía era incrementar el impacto y la intensidad de su representación de los antiguos hechiceros introduciéndose él mismo y a otros coetáneos en la historia. Intentó revelar una verdad que no habría salido en el fragor de una árida disertación.

Al final, su esfuerzo por traer la antigua tradición de hechicería y magia a la vida sólo sucedió parcialmente. No pudo conseguir lo que, según él, eran las máximas cualidades de una maniobra de acecho exitosa: crueldad, astucia, paciencia y dulzura. No fue suficientemente despiadado con sus propios hábitos y características personales para aclarar su propia historia.

Si hubiera mantenido fuera su historia personal o la hubiera acometido de forma más impecable, el mito de don Juan Matus hubiera resultado mejor. No habría importado que don Juan existiera realmente, como tampoco que en su tiempo Aquiles hubiera existido, pero así es.

Don Juan explicó repetidamente a Castaneda que existían dos tipos básicos de hechiceros. Uno que buscaba la aventura, incluido el poder sobre otros seres, y otro que perseguía la libertad y evitaba influir en otros. Según Matus, prácticamente todos los hechiceros eran del tipo aventurero y la mayoría ni siquiera habían concebido la búsqueda de libertad por los nuevos videntes. Matus y su grupo eran todos nuevos videntes preocupados por la libertad individual. El propio maestro de Matus, Julián Osorio, era un hechicero aventurero que nunca aprendió a ver y pudo haber muerto la muerte de un hombre normal. Matus pensaba que Castaneda tenía mucho en común con Osorio y los antiguos hechiceros.

* * * * *

La versión final y completa sobre la maestría de la conciencia se desarrolló gradualmente en *El Fuego Interno*. En la introducción de *El Silencio Interno*, Castaneda la resumió formalmente '... *la maestría de conciencia es la piedra angular de sus enseñanzas y consiste en las siguientes premisas básicas:*

1. El universo es una infinita aglomeración de campos de energía, que se asemejan a hebras de luz.

2. Estos cambios de energía, llamados las emanaciones del águila, radian desde una fuente de proporciones inconcebibles, es lo que conocemos metafóricamente como El Águila.

3. Los seres humanos están también compuestos de un incalculable número de campos energéticos filiformes. Estas emanaciones del águila forman una aglomeración cerrada que se manifiesta a sí misma como una bola de luz del tamaño del cuerpo de una persona con los brazos extendidos lateralmente, como un huevo gigante luminoso.

4. Sólo un pequeño grupo de campos energéticos situados en la bola luminosa se ilumina con un punto de brillantez intenso ubicado en la superficie de la bola.

5. La percepción ocurre cuando los campos energéticos de aquel pequeño grupo que inmediatamente rodea el punto de brillantez extienden su luz para iluminar idénticos campos de energía fuera de la bola. Debido a que los únicos campos energéticos perceptibles son aquellos iluminados por el punto de brillantez, ese punto se denomina "el punto donde se ensambla la percepción" o simplemente "el punto de ensamblaje".

6. El punto de ensamblaje puede moverse desde su posición normal de la superficie de la bola luminosa hasta otra posición de la misma o hasta el interior. Ya que la brillantez del punto de ensamblaje puede iluminar cualquier campo de energía con el que esté en contacto, cuando se mueve a una nueva posición inmediatamente ilumina nuevos campos de energía, haciéndolos perceptibles. Esta percepción se conoce como ver.

7. Cuando el punto de ensamblaje cambia, hace posible la percepción de un mundo completamente diferente - tan objetivo y factual como el único que percibimos normalmente -. Los hechiceros van al otro mundo para conseguir energía, poder, soluciones a problemas generales y particulares o para enfrentarse a lo inimaginable.

8. La intención es la fuerza penetrante que nos permite percibir. No llegamos a ser conscientes por el hecho de percibir; más bien, percibimos como resultado de la presión y la intrusión de la intención.

9. El propósito de los hechiceros es alcanzar un estado de conciencia total para experimentar todas las posibilidades de la percepción disponibles para el hombre. Este estado de conciencia implica incluso una forma alternativa de morir.

* * * * *

La fuerza o la energía de los filamentos de la conciencia, que son los elementos básicos del universo, es ininteligible para nosotros. Lo único que podemos entender es que vemos la energía como la intención del universo. De alguna forma, expresa su propósito. Esos filamentos pueden denominarse también los comandos del universo. Nos ordenan cómo ser y percibir; de hecho, ordenan todo en todas partes.

La intención del universo nos fuerza a percibir. Nuestra completa existencia y ser están determinados por los comandos de sus hebras de energía, que expresan su intención. La intención del universo crea el capullo y lo llena de energía y así pone el punto de ensamblaje en su lugar sobre la superficie del mismo, ordenando al ser percibir en aquella posición.

El perceptor aprende a sostener firmemente el punto de ensamblaje en aquel punto y lo previene de moverse. La alineación resultante produce un ser viviente en el mundo. Aquel ser desarrolla su propio intento de identidad que persigue sus propios objetivos y olvida de dónde viene y para qué propósito, e incluso qué está conectado a la intención del universo.

Durante el sueño, el punto de ensamblaje se desprende de su posición fija y se mueve alrededor. La persona soñadora no puede controlar dónde se mueve incialmente el punto de ensamblaje. Él o ella pueden intentar alinear la energía encontrada en cualquier posición y la soporta firmemente en aquel nuevo lugar. Si este nuevo lugar está suficientemente lejos del anterior, la magia de la percepción alineará simultáneamente un nuevo mundo y un nuevo perceptor. Un ser se acercará a la existencia en el otro mundo.

Desde nuestra perspectiva, es imposible decir dónde está ubicado aquel otro mundo. Puede ser infinito, otros lado del universo, o justo al lado de nosotros pero en otra dimensión. Lo que solo se puede decir correctamente es que está en una posición del punto de ensamblaje. El universo tiene innumerables billones de posiciones donde los puntos de ensamblaje pueden ensamblar hebras de energía consciente. En cualquier posición donde las hebras de una particular selección de incontable energía se ensamblan, es donde el mundo, aquel ser y evento pertenecen. Para regresar a aquel mundo y aquel evento, es necesario volver a aquella precisa posición del punto de ensamblaje.

Desde el punto de vista del soñador, él ha viajado a otro mundo donde existe el infinito, a través de su conexión con el universo, que es su punto de ensamblaje mediante la alineación de nuevas hebras de energía que se extienden hacia el infinito. El punto de partida del soñador es también un lugar en alguna parte del infinito y debe regresar para encontrar la posición exacta del punto de ensamblaje donde existe nuestro mundo normal.

Las experiencias descubiertas en la nueva posición del punto de ensamblaje se almacenan allí. Los recuerdos y la información se almacenan en esas precisas posiciones del punto de ensamblaje. Una vez guardadas, el soñador puede regresar más tarde a aquel punto y revivir esa experiencia exactamente como ocurrió antes y tener allí acceso al conocimiento.

* * * *

Cuando un soñador comienza a explorar nuevos mundos alcanzando nuevas posiciones del punto de ensamblaje, encuentra un camino que es familiar a otros soñadores experimentados. Hay escalones en las primeras partes del camino por los cuales pasan necesariamente todos los soñadores. Hay algunas posiciones próximas que encontrarán en sus aventuras. Uno de esos destinos iniciales es la posición del molde del hombre.

El molde del hombre es una entidad, ni masculina ni femenina, que constituye la fuerza de la vida en forma humana. Cada forma de vida tiene un molde que existe en una posición del punto de ensamblaje cerca de la que se usa normalmente. El molde del hombre puede encontrarse cuando cambia el punto de ensamblaje ya sea en el sueño o debido a una enfermedad, shock u otra ocasión cuando tenemos poder suficiente. Todos nosotros vemos en el momento de la muerte, momento en el que perdemos nuestra energía vital y no podemos sostener por más tiempo nuestro punto de ensamblaje y controlar nuestra percepción. Entonces parece como un 'ser radiante y luminoso'.

Según Matus, el molde del hombre es un grupo de emanaciones en la banda de cada hombre y mujer. Es *'la porción de las emanaciones del águila que los videntes pueden ver directamente sin peligro para ellos mismos.'*

Los antiguos hechiceros podían ver el molde y así también muchos místicos a través de la historia humana. De acuerdo con Matus, los antiguos hechiceros lo confundieron con un espíritu protector o amistoso que puede otorgar favores, protección o poderes. Los místicos veían el molde del hombre y lo malinterpretaron como nuestro dios. Gente que tiene experiencias cercanas a la muerte a veces dicen 'haber visto la luz."

Si estamos en su presencia, nuestro egocentrismo nos hace proyectar nuestras características más preciadas en: amor, perdón, carisma, comprensión, justicia y verdad. En comparación a esta proyección, nos sentimos como indignos, villanos, pecaminosos y malvados.

La experiencia mística, en la que uno encuentra el molde del hombre, es una oportunidad de ver causada por un movimiento aleatorio del punto de ensamblaje. Es una oportunidad única después de la cual siente temor y reverencia y asume que estuvo en presencia del dios de la humanidad. Una corta visión de este tipo puede resultar en una vida nostálgica.

Los nuevos videntes crean un punto para ver el molde muchas veces. Viéndolo repetidamente, pueden determinar que no es un dios. El molde no tiene poder para hacer otra cosa que formarnos como humanos. No puede premiarnos o castigarnos, o intervenir en nuestro nombre de ninguna forma. Es simplemente un patrón de energía que graba las cualidades humanas en energía consciente, como un dado que reproduce seres humanos. Pero no somos creados de la nada y no puede favorecernos o ayudarnos de ninguna manera.

Para liberar sus puntos de ensamblaje para una exploración posterior, los nuevos videntes veían intencionadamente el molde muchas veces para verlo como es realmente. Como parte de ese proceso de liberación, la fuerza que el molde deja normalmente en el cuerpo, llamado forma humana, se asusta y se separa. Después de marcharse, el vidente puede mirar en sí mismo y sus percepciones con más desapego emocional, lo que aumenta su libertad.

* * * *

Cuando la intención de energía dentro del capullo se alinea con la energía exterior, lo hace con la intención universal. A través de la repetición, la intención que está dentro del capullo llega a ser familiar con la intención del universo y ésta puede llegar a ser nuestra intención. Cuando la intención de una persona emerge con un comando universal, su punto de ensamblaje puede ir a cualquier lugar deseado. Matus dice que *'nuestro comando llega a ser el comando del águila.'*

Durante su vida, un hechicero (o hechicera) - persona que mueve su punto de ensamblaje con su intención - puede gradualmente mover su punto de ensamblaje alrededor del capullo para finalmente contactar e iluminar toda la energía de su interior, que está en la banda del hombre. Una vez logrado, el capullo se ilumina desde dentro en un instante y llega a ser como un enorme conductor de energía canalizada. El ser entra en la tercera atención, que es una forma alternativa de morir.

En nuestras actuales religiones monoteístas, hay una forma de morir, con dos caminos después de la muerte. Una persona muere y entonces es juzgada por Dios o va al cielo o al infierno para toda la eternidad. En la teología de Castaneda, no hay dios que nos enseñe o juzgue; no hay cielo, infierno o demonio.

Según Castaneda, es posible morir de dos formas y también ampliar la existencia de diversas maneras.

Uno puede morir en la primera atención donde los elementos que han sido reunidos por la fuerza de la vida simplemente se separan y flotan en lo desconocido, como si nunca hubiesen estado juntos.

Alternativamente, después de una vida explorando la segunda atención, uno puede ir a la tercera atención 'quemándose desde dentro'. Don Juan decía que estaba seguro de que miles de videntes consiguieron esto y entraron en un 'viaje definitivo', manteniendo su fuerza vital con el infinito como su nuevo reino. Él creía que su conciencia duraría tanto como existiera la tierra y que morirían cuando la tierra falleciera.

Sin embargo, Matus decía que se salvaron muchos hechiceros, incluidos también casi todos los antiguos brujos de México. Mientras intentaban navegar a través de la segunda atención, tropezaron con reinos que posiblemente eran peores que la muerte. Debido a los esfuerzos erróneos para prolongar sus vidas, la mayoría de ellos terminaron perdidos, secuestrados o apresados en algún lugar del infinito.

* * * * *

Aventurarse en lo desconocido es un reto para los humanos y Castaneda decía que el propósito de la vida es enriquecer la conciencia incluyendo partes de lo desconocido en el área de lo conocido. Esto nos lleva cerca de la intención del universo de conocerse a sí mismo. También los nuevos tipos de percepción traen nueva energía.

Matus aseguraba que su sistema ofrecía la mejor respuesta a *'la pregunta que siempre ha obsesionado al hombre: la razón de nuestra existencia'*. Nuestra racionalidad no puede dar una respuesta a esta cuestión sin implicar un salto ciego de fe. Según Matus, el universo otorga activamente conciencia a seres sensibles para que éstos puedan mejorarla durante el proceso vital, devolviendo la conciencia al universo en una condición mejorada. La razón de la existencia es mejorar la conciencia en nombre del universo.

Matus afirmaba que es un hecho que puede presenciarse, no sólo una creencia. La forma tradicional de la hechicería mexicana para interpretarlo es vislumbrar 'el águila', una imagen proyectada del dador de la conciencia que la otorga a los seres cuando nacen y después 'devora' la conciencia mejorada cuando el ser muere.

Una fuerza universal otorga una conciencia primordial a los seres sensibles. Continuamente atrae esa conciencia hacia sí misma mientras se enriquece y mejora durante la vida. El ser vivo resiste esta atracción durante la vida hasta que se agota y la fuerza universal lo desintegra y recupera la conciencia de nuevo, mejorada por las experiencias de la vida. En el momento de la muerte, se liberan todas las experiencias vitales desde el lugar en el que están almacenadas hasta que el universo reclama devorar la conciencia.

Matus no reconoce la Teoría de la Evolución de Darwin. Él decía que las especies no evolucionan por mutaciones accidentales que prueban ser más ventajosas para producir cambios permanentes. Los seres individuales cambian durante sus vidas porque mejoran sus conciencias. Un cambio en la conciencia es un cambio en el punto de ensamblaje, lo que implica un cambio de ser. Los cambios evolutivos son una decisión de las especies que intencionadamente eligen una nueva posición del punto de ensamblaje después de que los individuos señalan el camino.

Capítulo 10

CONSERVADORES Y LIBERALES

No hay forma de saber cómo originalmente fijamos nuestro punto de ensamblaje, porque es algo que ocurrió antes de que tuviéramos lenguaje o pensamiento. Sin embargo, podemos ser conscientes de cómo mantenerlo en un lugar. Nosotros lo fijamos y consolidamos a través de un constante diálogo interno, que es el proceso de imponer nuestra historia personal durante la vida con nuestros pensamientos y hábitos. La principal parte de este proceso es una interminable cháchara de pensamientos que llegan a ser autónomos; lo hacemos sin ser conscientes de ello. No podemos pararlo con esfuerzo consciente, porque ese esfuerzo está hecho de más pensamientos.

Debido a que el punto de ensamblaje se estabiliza en un lugar a través de un proceso de diálogo y lenguaje interior, la forma de desalojarlo de su posición habitual en el capullo es calmar ese diálogo interno. Este es el tipo de silencio al que se refiere en su libro *El Silencio Interno*. Si queremos liberar nuestro punto de ensamblaje del único lugar al que estamos acostumbrados, debemos lograr el silencio interno.

* * * * *

Hay dos tipos de conocimiento: nuestro conocimiento de cada día que procede del uso del lenguaje y la razón y el conocimiento silencioso que existe separado del lenguaje. Durante su historia de vida en el planeta, que según la ciencia se remonta a un millón de años, la humanidad no estuvo siempre en la posición del punto de ensamblaje que ocupa ahora. La forma actual de diálogo interno que usamos para mantener nuestra moderna posición es un desarrollo relativamente reciente en la historia humana. La humanidad se ha trasladado gradualmente de un lugar de conocimiento silente a un lugar racional. En un punto crítico, muy recientemente comparado al tiempo de la humanidad en la tierra, se abandonó el conocimiento silente y la razón y el lenguaje tomaron el control.

Todavía tenemos ambas partes de nuestro ser. Una parte es *'extremadamente antigua, relajada, indiferente. Era fuerte, oscura y conectada a todo lo demás... era igual a cualquier cosa. Disfrutaba de las cosas sin expectativa.'* Esta parte más antigua del hombre no necesitaba lenguaje; procedió a la era dominada por la razón y por el pensamiento y la escritura.

El lado más antiguo del hombre sabía cosas a las que no hemos vuelto a tener acceso. El conocimiento y el lenguaje están separados; todavía conservamos el conocimiento silente, pero está socavado. Está ahogado por la charla y el clamor de nuestro diálogo interno. No podemos acceder usando el lenguaje; sólo podemos señalar hacia él. Cuando desarrollamos el lenguaje y expandimos su uso, perdimos el acceso al vasto reino del conocimiento silente. Cada intento racional que hacemos para cerrar la brecha, lo aumenta.

La parte racional moderna del hombre es *'luminosa, nueva, suave, agitada. Es nerviosa, rápida'*. Según Castaneda, mientras que la parte antigua del hombre miraba hacia un campo yermo o vacío y no se preocupaba por cambiarlo, el hombre moderno quiere cultivar hileras de plantas para alimentar a la gente o construir algo.

El hombre antiguo sabía que hacer sin pensar, sin diferenciarse el mismo de la naturaleza. Poco a poco, surgió la idea de un ser individual, un ser que podía predecir y organizar sus actos. Este ser individual desarrolló primero el lenguaje hablado y después el lenguaje escrito. Progresivamente, sus pensamientos, las palabras habladas y escritas se utilizaron para *'dictar la naturaleza y el alcance de las acciones del hombre'*. El lenguaje se usó para delinear y controlar un rango de actividades y conciencia del hombre.

Poco a poco, el ser individual llegó a ser más fuerte mientras se perdía la conexión al conocimiento silente antiguo. Esta falta de conexión creó una sensación de desesperanza que inició una actividad mental más fuerte para mejorar o reparar el ser, para recuperar el sentimiento de conexión. Ya que estaba basado en la razón, esta actividad mental pudo sólo incrementar el movimiento del conocimiento orgánico silente hacia el ser individual.

Ahora el hombre moderno tiene una preocupación obsesiva consigo mismo. Ha movido el punto de ensamblaje a una posición extrema. En cuanto a la preocupación personal, el hombre moderno se ha trasladado a una posición donde las expresiones más extremas de la preocupación personal dominan su conciencia. Hay razones extrínsecas para este movimiento y es el desafío de enfrentarse a la humanidad que nos imponen desde fuera fuerzas del universo.

Debido a que estamos en la posición más extrema de la implicación del ser, la cúspide, cualquier movimiento subsecuente del punto de ensamblaje a cualquier dirección puede sólo separarse de la preocupación personal. En otras palabras, el desafío del hombre en nuestra era es liberar su punto de ensamblaje reduciendo su preocupación por sí mismo.

* * * * *

La razón y el conocimiento silente forman dos puntos. En nuestra era actual, nuestro primer punto es la razón. Todo el mundo está cerca de ese punto, pero no todos están por completo; la mayor parte de la gente está ubicada en algún lugar entre la razón y el conocimiento silente. Aquellos que se encuentran directamente en el punto de la razón son los verdaderos líderes de la humanidad. Según Matus, son generalmente gente desconocida que tienen un genio para alcanzar y comprender la posición precisa del punto de ensamblaje. Ellos influyen a la cohorte entera, algo así como la audiencia del líder.

En un momento anterior, el primer punto fue el conocimiento silente y los verdaderos líderes se encontraban directamente en aquel punto. La humanidad pasó la vasta mayoría de su historia en el lado del conocimiento silente, que explica nuestra gran nostalgia por ello.

Cuando alcanzamos la razón o el conocimiento silente, podemos ver claramente la otra posición. Así fue como surgió la era de la razón. *'La posición de la razón se veía claramente desde la posición del conocimiento silente.'*

El objetivo de don Juan Matus y sus nuevos videntes tocaban ambas posiciones usando dos puentes unidireccionales.

'El puente unidireccional del conocimiento silente a la razón se llama "preocupación". Esto significa que los verdaderos hombres del conocimiento silente conocían su fuente. Y el otro puente unidireccional, de la razón al conocimiento silente, se llamaba "comprensión pura". Esto es, el reconocimiento que comunicó al hombre racional que la razón era sólo una isla en un mar infinito de islas.'

* * * * *

El contenido y la naturaleza de la percepción están determinados por la posición del punto de ensamblaje. En nuestra era, la posición común de ensamblaje es la posición de una extrema implicación personal. Según Matus, la auto reflexión, la preocupación personal, la autocompasión y la auto importancia son virtualmente la misma cosa. Nuestra preocupación personal es la fuerza principal que mantiene fijo el punto de ensamblaje.

Debido a que estamos en la posición más extrema de la auto importancia, cualquier tipo de movimiento del punto de ensamblaje será un movimiento alejado de la autocompasión. Por lo tanto, restringir la implicación personal es la forma de liberar el punto de ensamblaje de su posición. A través de la conciencia de la auto importancia podemos liberar la energía que ha sido utilizada para ello. Una vez que se libera el punto de ensamblaje, se moverá a otra posición por su cuenta, lejos de la autocompasión y la preocupación personal.

El movimiento del punto de ensamblaje está definido

como hechicería. Si reducimos la auto importancia, el punto de ensamblaje se moverá. Donde se mueva estará determinado por la intención universal. Esta es la fuerza real que existe dentro de los filamentos del universo al que todos los seres están conectados. No podemos verla, pero al igual que la gravedad y el electromagnetismo, que también son invisibles, existe la intención universal.

El punto de ensamblaje puede moverse accidentalmente por la enfermedad, la guerra, el hambre, el amor, el odio y el misticismo, pero no se puede sostener cualquier posición alcanzada accidentalmente.

Matus podía intencionadamente mover su propio punto de ensamblaje y desplazar éste hacia otros puntos. Liberaba temporalmente el punto de ensamblaje de Castaneda desde su lugar habitual e influía para moverlo a otra posición y enseñarle así otras posiciones. Moviendo el punto de ensamblaje se libera la energía que se utiliza para mantenerla estable.

Los movimientos del punto de ensamblaje pueden ser grandes o pequeños. Pueden ser también minúsculos y alcanzar 'solitarias islas de percepciones', que son recuerdos, ya individuales o compartidos. La información se almacena en islas de percepción. Las interacciones humanas son eventos mágicos que ocurren cuando las hebras de dos o más seres luminosos interactúan y se entrecruzan. El universo está compuesto de incontables posiciones del punto de ensamblaje, donde se combinan hebras de energía consciente. Los eventos de nuestras vidas son *'experiencias en la complejidad de la conciencia'*.

Los eventos de la vida se almacenan y pueden revisitarse devolviendo el punto de ensamblaje a la posición precisa. Esto permite que se puedan revivir las experiencias. Muchos eventos de la infancia normalmente se olvidan, pero pueden reaparecer y experimentarse de nuevo con gran intensidad y detalle. Durante la psicoterapia, el objetivo es reabrir con frecuencia un evento olvidado que presenta un conflicto o estrés no resueltos; de esta forma revivirlo y, por tanto, neutralizar su habilidad para seguir causando ansiedad y un comportamiento negativo. En nuestras propias vidas, almacenamos y ocultamos experiencias completas para que sea casi imposible abrirlas.

Juan Matus adoptó la idea de la psicoterapia para su lógica extrema. Una de las facetas más importantes del entrenamiento de hechicería de Matus se llamaba 'la recapitulación'. Se requería que cada aprendiz pasara un tiempo lejos, normalmente varios años, para revisitar y revivir cada evento de su vida anterior.

Según Matus, el cuerpo luminoso constantemente envía varios filamentos finos que se energizan por los sentimientos y las emociones. En una interacción con otro capullo, cada persona envía filamentos al interior del capullo de otra persona. Si tal interacción no se resuelve con la parte del capullo, cada una deja filamentos dentro del capullo de otra persona o personas que estén implicadas. En este caso, ambas partes pierden energía entre sí.

A medida que los seres humanos pasan por la vida, acumulan filamentos extraños en su propio capullo. Estos filamentos extraños dejados atrás son afirmaciones emocionales de otros seres adquiridos durante conflictos interpersonales. Llegan a ser la base de una lucha interpersonal, donde entramos en conflicto con nosotros mismos. Son el combustible de nuestras llamaradas crónicas de autocompasión e importancia personal. El efecto a largo plazo de estos intercambios es una pérdida de energía y libertad.

En el proceso de recapitulación de Matus, estos eventos pasados son revividos con una claridad e intensidad que pueden resultar mejor que los sentidos durante la experiencia original. Una vez que enfocamos el evento y lo re-experimentamos, la respiración consciente permite al ser luminoso expulsar los filamentos que otros dejan en sí mismos. Al mismo tiempo, puede recuperar sus propios filamentos que se han dejado dentro de otros seres que compartieron tal evento.

Por lo general, madres y padres imponen a sus hijos muchas de sus esperanzas, temores y expectativas que dejando en los padres auténticos agujeros en sus cuerpos de energía. Pero éstos pueden repararse y la energía puede ser recuperada. Los hijos no resultan heridos por extraer de sus esferas luminosas los filamentos de sus padres.

También heredamos de nuestros padres o cuidadores islas de experiencias almacenadas. Cuando somos niños, nuestro diálogo interno no se ha desarrollado todavía y nuestro punto de ensamblaje se mueve libremente. Al soñar involuntariamente junto a nuestros padres o cuidadores, por pasar simplemente tiempo con ellos, podemos encontrar sus experiencias almacenadas sin hablar.

Los recuerdos ancestrales, familiares y tribales se pueden transmitir sin saberlo cuando los seres luminosos interactúan soñando juntos. Cuando somos bebés, nuestros puntos de ensamblaje son completamente fluidos y no se han establecido en ninguna posición. Nuestros padres o cuidadores pueden transmitir las ubicaciones de los puntos de ensamblaje, que forman parte de una interminable colección de 'islas de percepción' del universo. Según Matus, debido a que compartimos, todos tenemos acceso a muchas islas de experiencias pasadas de la familia, la tribu, el país e incluso de los antiguos hechiceros.

Las grandes obras de arte pueden también mover el punto de ensamblaje. Los poemas, las estatuas, los monumentos, la música y el baile pueden estar entre las formas más elevadas de hechicería. Pueden traernos a una posición del punto de ensamblaje que el artista o el constructor conoce.

Los anunciantes, vendedores y políticos también practican formas de hechicería. Pueden cambiar nuestra percepción de forma positiva o negativa y podemos o no advertir que estamos moviéndonos de una posición del punto de ensamblaje a otra.

* * * * *

La capacidad de recuperar la energía de antiguos conocidos en el proceso de recapitulación es otro ejemplo donde la filosofía de Juan Matus se alinea con un famoso acertijo de la física moderna.

Matus decía que podemos enviar energía y extraerla de otros seres luminosos que están en lejanos lugares desconocidos. El principio de entrelazamiento cuántica explica que los electrones ubicados en diferentes sitios, aparentemente no conectados unos con otros de ninguna forma, pueden influirse entre ellos instantáneamente. Esto sería normal en un universo de hebras infinitas de energía consciente.

Podríamos proponer dar un paso adelante y sugerir que el salto cuántico en sí mismo, donde se observa un electrón caliente salta de un nivel a otro en vez de expandirse suavemente, es el resultado de la dualidad de la percepción. Incluso utilizando un microscopio de electrones, los científicos todavía ven eventos desde la primera atención. Por lo tanto, hay una pequeña brecha en el tiempo y el espacio entre lo que se observa y la cruda energía pre percibida del universo.

Y, de forma más general, la razón por la que se puede concebir la luz como ondas o partículas puede relacionarse con la primera y la segunda atención.

Capítulo 11
PERDIDO EN UN SUEÑO

La colección de obras literarias de Castaneda puede dividirse en cuatro fases.

La primera representa los cuatro libros escritos durante la vida de don Juan Matus e inmediatamente después. Es una compilación de los 13 años del viaje que Castaneda realizó con Matus por las montañas de México y Arizona. Esta fase finaliza con el salto de Castaneda por el acantilado mientras Matus desaparece del mundo. Estos libros se escribieron principalmente como relatos directos desde la primera atención. Castaneda experimentó aventuras, tomó notas y escribió lo acontecido en cuatro libros.

La segunda fase consistió en los siguientes cuatro libros. Escritos después de la desaparición de don Juan, contaban la historia del regreso de Castaneda a México, su reunión con los aprendices que quedaban y sus esfuerzos de una década por recordar los eventos y lecciones del tiempo pasado con don Juan. El tópico era el proceso de descubrir la segunda atención y la recuperación de los recuerdos allí olvidados. El proceso de recuperar recuerdos de la segunda atención abrió a Castaneda la totalidad de sí mismo y ofreció un nuevo significado a su vida anterior.

El Arte de Ensoñar, publicado en 1993, 20 años después de la desaparición de Matus, constituye la tercera fase. En este libro describió sus aventuras y desventuras finales con Juan Matus en la segunda atención, recordadas a través de la práctica del sueño. Estos eventos concluyeron con una transición a la cuarta fase de su vida y trabajo, cuando regresó a Los Ángeles.

* * * * *

En la filosofía de don Juan hay dos tipos básicos de hechiceros: soñadores y acosadores. La hechicería es la habilidad para mover el punto de ensamblaje. Los soñadores logran esto llegando a ser conscientes del movimiento natural del punto de ensamblaje mientras se duerme y estabilizando sus conciencias en cualquier nueva posición descubierta. Los acosadores hacen esto modificando su comportamiento sistemáticamente hasta que esta nueva conducta desplaza el punto de ensamblaje.

Castaneda era un soñador y *El Arte de Ensoñar* es su descripción más completa de su especialidad.

Durante nuestra primera vida, aprendemos a inmovilizar nuestro punto de ensamblaje en una posición que nos han enseñado y demostrado nuestros mayores. Después es más raro que le permitamos moverse desde su posición prescrita y acordada. En general, es probable que lo fijemos de forma más precisa en un punto cuando acumulamos información durante nuestra vida, lo que agudiza y endurece nuestro enfoque.

Es extraño que el punto de ensamblaje se mueva por enfermedad o shock u otras emociones extremas; si es así, estos resultados basados en el temor y desorientación extremos que nos fuerzan a regresar a nuestra posición habitual.

Es imposible mover el punto de ensamblaje por una orden consciente, pero se mueve naturalmente durante el sueño y mientras se duerme. Según Matus, los antiguos hechiceros desarrollaron técnicas para beneficiarse de aquel movimiento natural del punto de ensamblaje y desarrollar así nuestras habilidades perceptivas más allá de las capacidades normales.

Matus decía que podemos encontrar al otro yo y aproximarlo a nuestra conciencia normal a través de un tipo de sueño mejorado. Él se lo enseñó a Castaneda, que describió la curva de aprendizaje por la que tuvo que navegar para ser competente. Juan Matus decía que soñar era el único método de enseñanza desarrollado y prescrito por los antiguos hechiceros para aprender a usar la segunda atención y alcanzar el otro yo.

Sin embargo, advirtió que soñar era *'la faceta más peligrosa del conocimiento de los hechiceros... puro temor, una verdadera pesadilla'*. El camino del sueño es una 'escotilla de dos vías' entre nuestro mundo y otros mundos.

Al principio de su entrenamiento, Castaneda descubrió que cada paseo aparentemente casual en el desierto, o un encuentro con un merchante o extranjero en el mercado de la ciudad, podía transformarse instantáneamente en una cuestión de vida o muerte. Cuando estaba con Matus, el mundo poseía un poder desconocido.

Mientras aprendía a soñar, Castaneda se enfrentó a peligros que 'se multiplicaban por cien' cuando se percataba de que los sueños no son sólo algo que ocurre mientras dormimos.

* * * * *

El momento del sueño es el único de nuestras vidas normales en el que nuestro punto de ensamblaje se separa de su posición fija y se mueve a otras posiciones. La filosofía de Matus sugiere que este es el significado y la razón para dormir.

¿Por qué debemos dormir y soñar? ¿Por qué no podemos simplemente cerrar nuestros ojos y descansar nuestros cuerpos? ¿Por qué debemos trasladarnos a un estado parcialmente inconsciente para descansar por completo? ¿Se debe a que el sistema autónomo inconsciente mantiene nuestro punto de ensamblaje en su lugar y nuestra conciencia enfocada? El mantenimiento de nuestro estado constante de conciencia requiere un gran esfuerzo. Sin apenas percibirlo, estamos totalmente comprometidos en este esfuerzo durante todas nuestras horas del día. Necesitamos caer inconscientes en alguna forma del estado de sueño semi consciente para reposar de ese esfuerzo. Realmente no descansamos hasta que el punto de ensamblaje se libera temporalmente de su reparación. Después de esto, nos refrescamos y podemos empezar de nuevo. Sin verdadero sueño, nos volveríamos locos.

Una vez que nuestros pensamientos parloteantes se calman, podemos dormir. Nuestro punto de ensamblaje se libera y regresa a su condición natural donde se mueve de forma fluida. Cuando el punto de ensamblaje se mueve, se alinean diferentes grupos de emanaciones del universo y soñamos. Somos conscientes de algunos sueños, pero no siempre, sólo podemos recordarlos algunas veces.

Cuando el punto de ensamblaje se adentra más profundamente en el sueño, se desplaza más lejos de nuestros pensamientos y lenguaje. Entramos en el área del conocimiento silente, donde las cosas se experimentan y se conocen sin el lenguaje. Algunas veces, nos quedamos atrapados en un vacío entre el lenguaje y el silencio y queremos hablar o gritar pero sólo se oye ruido. Cuando despertamos de ese estado, el lenguaje se reafirma. Nuestros pensamientos usan el lenguaje para recomenzar y el sueño desaparece de la conciencia porque se encuentra más allá del alcance del lenguaje. Si no notamos el sueño rápidamente usando palabras, lo olvidamos. Olvidamos lo que hemos soñado o recordamos que soñamos pero olvidamos su contenido.

Si nos entrenamos, podemos poco a poco llegar a ser más conscientes de nuestros sueños, de las transiciones y de nuestro regreso del mismo sueño. También podemos entrenarnos para recordar más. Esto se prescribe con frecuencia en varios tipos de psicoterapia o hipnoterapia para recuperar sentimientos, imágenes y símbolos que pueden utilizarse para comprender y mejorar nuestro comportamiento diario. Sin embargo y, de acuerdo con Castaneda, este tipo de análisis psicológico de los sueños tiene un valor limitado. Nos mantiene atrapados en nuestro mundo de auto reflexion. Él dice que es posible usar nuestros sueños para ir más allá.

* * * * *

Normalmente, la mayoría de nosotros no somos conscientes del proceso de caer dormidos. Tampoco sabemos cuándo empiezan y terminan los sueños y cómo despertamos abruptamente y tendemos a olvidar todo o casi todo. Para hacer uso del sueño, Matus enseñó primero a Castaneda un proceso de tres pasos. Le enseñó a ser consciente de la transición de caer dormidos y entrar en un sueño; entonces, le mostró cómo mantener estables las imágenes de su sueño; y, finalmente, le entrenó para recordar el sueño cuando despertara. Estos tres pasos conforman lo que Matus llamó '*cruzar la primera puerta del sueño*'.

Mientras despertamos, estamos en la primera atención. Cuando dormimos y soñamos, entramos en lo que llama Matus 'la atención del sueño'. Esto es un paso intermedio para entrar en la segunda atención y pertenece al reino de la conciencia una vez que abrimos la puerta del sueño. Es como un río que conduce a un océano, que es una segunda atención mucho más grande. Después de pasar la primera puerta, nos encontramos en un río que nos lleva a la segunda puerta del sueño. Más allá de la segunda está el océano, la segunda atención completa.

Normalmente, no se debe permitir a la primera atención ser consciente de la segunda. Si queremos llegar a ser conscientes de la conciencia que se transmite desde el sueño, debemos hacerlo desde la atención soñadora, no desde la primera atención. Para ello, no hay procedimientos prescritos que puedan diseñarse para la primera atención. Simplemente es intencionado, consistente y repetidamente. La atención soñadora se alcanzará gradualmente a través de la práctica constante.

En nuestros sueños normales solemos encontrar muchas imágenes desconectadas que no se ensamblan necesariamente en un mundo coherente. Tampoco entramos conscientemente en el sueño ni somos conscientes de estar en él previamente. Matus enseñó a Castaneda a detenerse al entrar en un sueño, para organizar su atención y ensamblar el mundo dentro de ese sueño. Esto lo lograba moviendo su atención de un elemento a otro en el sueño.

Con mucha práctica, un soñador puede enfocarse en los elementos de un mundo soñado, de la misma forma que lo hace en su mundo despierto. Puede aprender a permitir que todos los elementos de un sueño se organicen en un mundo mirando a unos y otros rápidamente. Sin hacer esto, la atención soñadora tiende a mirar todo con la boca abierta. Si nos enfocamos intensamente en una cosa, ese objeto, que es solo energía, se transformará en algo más. La atención soñadora necesita aprender a servir a la función de un llamador, como lo hace nuestra primera atención. Necesita invitar o convocar al mundo enfrente de él para reunirse en un mundo ordenado.

Después de atravesar la primera puerta del sueño aprendiendo estos procesos, es posible entrar en un sueño y mantener las imágenes estables de la misma forma que lo hacemos en nuestro mundo normal. En este proceso, es posible descubrir nuestro ser operativo en el sueño, lo que Castaneda llama el 'cuerpo de energía'. Sería un *'equivalente fantasmal del cuerpo físico'*.

El cuerpo de energía es el otro yo o el doble. Está ubicado en la segunda gran parte de nuestra conciencia total, que se divide en el proceso de percepción de dos pasos que crea nuestra conciencia diaria. Soñar es la forma práctica de alcanzar el doble. El otro yo o el cuerpo de energía está compuesto, al igual que la conciencia normal, de energía. Pero le falta el acuerdo de tener masa y estar ligado a nuestro mundo físico normal.

Castaneda decía que tardó dos años de constante práctica para atravesar la primera puerta del sueño, donde llegó a ser consciente de quedarse dormido, mantener imágenes en sus sueños y permitir que su conciencia penetrara en su cuerpo de energía. Después, su práctica del sueño implicó más entrenamiento para desarrollar y usar el cuerpo de energía. Debía perfeccionarse hasta el punto de tener algo de control sobre la atención soñadora, hacerla parar y regresar a la conciencia normal cuando fuera necesario.

El desarrollo y empleo de la habilidad para soñar depende finalmente de cómo usemos nuestra energía durante nuestra vida diaria. Tenemos una cantidad fija de energía disponible en nuestro ser luminoso. En cualquier momento y a cualquier nivel en el que estemos actuando y percibiendo, expandimos toda nuestra energía disponible. Organizamos toda nuestra energía para mantener nuestro mundo e identidad guardando nuestro punto de ensamblaje constantemente fijo en una posición, a través de nuestros pensamientos, hábitos y acciones. No tenemos energía extra, a menos que reorganicemos nuestros hábitos y pensamientos y nos deshagamos de obsesiones innecesarias.

Si queremos energía para desarrollar nuestro cuerpo soñador y explorar reinos accesibles mientras dormimos, debemos liberar la energía que normalmente usamos para tratar con nuestro mundo normal, cotidiano y envolvente. Si nuestra conciencia normal está sobrecargada de rutinas, fuertes emociones y temores sobre el ser, cuando soñamos nuestra libertad estará limitada por los símbolos de aquellas preocupaciones. No tendremos la energía necesaria para cultivar la conciencia y la voluntad en los sueños.

La energía debe liberarse usando la técnica de la recapitulación. Cuando un soñador es incapaz de progresar, debe regresar a la recapitulación, la forma extrema del psicoanálisis descrita anteriormente. Debe desenterrar más recuerdos de vida donde su energía se perdió y la energía externa que quedó dentro de su propio ser luminoso. Eventualmente, ejecutará suficientes filamentos externa y recuperará sufficiente energía propia perdida para proceder de nuevo.

Pasar a través de la primera puerta del sueño parece seguro e inofensivo. Sin embargo, en esta zona nos damos cuenta del asombroso hecho de que podemos tener conciencia en el mundo de nuestra atención soñadora. Podemos encontrar nuestro cuerpo de energía y aprender a ejercitarlo. Según Matus, poco a poco nos damos cuenta que entre la multitud de elementos en nuestros sueños *'existen interferencias reales y energéticas, cosas que han sido colocadas en nuestros sueños extrañadamente por una fuerza alienígena'*. Esas fuerzas alienígenas están ahí para interactuar con nosotros.

Matus decía que *'los sueños son, si no una puerta, una escotilla a otros mundos... son una calle de doble dirección'*. Nuestra conciencia puede pasar a través de la escotilla hacia otros reinos, y visitantes y emisarios de otros lugares pueden llegar por el mismo camino para encontrarnos en la atención del sueño.

Los soñadores están todavía bastante seguros en la zona más allá de la primera puerta del sueño, pero es un área llena de exploradores del siguiente lugar, que es la segunda atención completa. Pueden querer encontrarnos por la misma razón que nosotros nos hacemos disponibles para ellos. Todos somos viajeros y exploradores en un universo que quiere conocerse a sí mismo.

En nuestros sueños normalmente fragmentados y recordados a medias, hay muchos elementos que son simplemente imágenes y recuerdos de nuestra vida diaria. Hay también otros que parecen irracionales o fuera de lugar, pero cuando los observamos profundamente y los analizamos, vemos que simbolizan cosas de nuestra vigilia. Este es el área donde trabajan los psicoanalistas. Pero en nuestros sueños normales, hay también muchos elementos aleatorios que no tienen sentido y no se relacionan con nuestra vida normal, ni siquiera simbólicamente.

Normalmente somos inconscientes de ello, pero durante los sueños nos bombardean visitantes de lo desconocido. Estos ataques vienen del siguiente reino en el que los soñadores pasan más allá de la segunda puerta. Es una dimensión repleta de varios seres energéticos. Algunos son entidades que también habitan la tierra; otros nos visitan desde lejos. No vienen físicamente pero pueden proyectar sus cuerpos de energía en nuestra atención soñadora y aparecer ante nosotros, de igual forma que podemos ir con nuestros cuerpos de energía y aparecer ante ellos en su atención soñadora.

Estos exploradores sienten mucha curiosidad sobre nosotros. Como los humanos, buscan más conciencia y energía. Cuando soñamos, entramos en un mundo donde las entidades alienígenas pueden hacer acto de presencia. Ellos envían exploradores para buscar soñadores que estén desarrollando su conciencia y nosotros hacemos lo mismo.

Al enfocarnos en la evolución de nuestra atención soñadora y, como si de una carnada se tratase, les exponemos nuestra intención y nuestra nuevamente mejorada conciencia, se la mostramos y se la hacemos accesible cerca de su reino.

Las entidades alienígenas no pueden ser las primeras en iniciar un encuentro con nosotros mientras estamos en la intención soñadora intermedia. Todavía estamos protegidos por nuestros muros de percepción. Sólo cuando iniciamos contacto con ellos son capaces de interactuar con nosotros. Nos animan a acompañarles a su mundo de la segunda atención. Depende de nosotros si queremos seguirles o rechazar su invitación.

Después de la primera puerta de la atención soñadora, pero antes de la segunda, estamos todavía protegidos por nuestras barreras normales. Hasta que pasamos a través de la segunda puerta, todavía creemos que estamos 'sólo soñando', aunque en una forma renovada. Sin embargo, incluso en este reino intermedio, corremos el peligro de ser sorprendidos de repente. Una conciencia extraña podría asustarnos en un despertar abrupto y entonces seguirnos a nuestro mundo diario 'a través del canal del temor'. Es posible para la energía extraña entrar en nuestro mundo y quedarse varada, entrometiéndose en nuestra vida; es también posible para nuestro cuerpo de energía entrar en su reino y vernos atrapados o perdidos.

* * * * *

Es arduo convertirse en un experto en las técnicas básicas del sueño; a Castaneda le costó más de dos años de continua práctica alcanzarlo y cruzar la primera puerta. Pero atravesar la segunda, en la zona vasta y peligrosa que existe más allá, puede ser simple. Sólo necesitamos tener y proclamar en voz alta la intención consciente para hacerlo en nuestro sueño.

Cruzar la segunda puerta implica la habilidad de cambiar sueños, significa cambiar de mundo sin despertarse. Es decir, caer dormido en un sueño y despertar en otro. Se puede hacer siguiendo a un explorador de una atención a la siguiente sólo expresando la intención de hacerlo.

Al cruzar esta frontera, el soñador entra en un tipo de atención mucho más vasta y peligrosa. En este reino, el soñador aprende sobre las reglas y costumbres del sueño de la hechicería. Encuentra desafíos fatales a su racionalidad y se enfrenta a pruebas inevitables de su intención y enfoque. No siempre se percata de dónde está o qué está haciendo.

Según Castaneda, la zona ubicada más allá de la segunda puerta del sueño es el reino donde primero empezamos a encontrar otro tipo de seres sensibles que comparten nuestro planeta.

Unas dos terceras partes de la energía que están dentro de los capullos humanos pertenecen al reino de lo desconocido. La otra tercera es energía y conciencia a la que tenemos acceso. La energía dentro de la banda humana se organiza en 48 lotes. Nosotros sólo usamos dos de éstos para nuestra primera atención normal con el fin de percibir todos los objetos animados e inanimados que existen en nuestro mundo.

Otras seis bandas fuera de esas 48 pertenecen a un reino de seres sensibles que comparten la tierra con nosotros y parcialmente comparten nuestro mundo perceptible. Algunos de esos seres rondan nuestros sueños, buscando contacto con nosotros.

Estos seres tienen también cápsulas energéticas de energía con puntos de ensamblaje. Nuestras cápsulas son esféricas y nuestro nivel de energía brilla mucho más. Sus cápsulas son largas y en forma de vela y brillan más tenuemente. Ellos ven más que nosotros porque su forma alargada roza más variedades de energía universal que nuestra esfera, pero con una luz más tenue.

El número total de estos seres inorgánicos es menos que el total de orgánicos que nosotros normalmente percibimos en nuestras dos bandas. Pero la variedad de tipos es más alta porque ocupan seis bandas en comparación de las dos que nos corresponden. Ellos difieren de nosotros en que tienen conciencia, pero carecen de organismos. Su vida útil es infinitamente más larga que la nuestra; Matus creía que su vida restante se correspondía con la vida de la tierra. Su nivel de energía es mucho más bajo también. Han estado vivos durante eones; nuestras vidas son mucho más cortas pero también mucho más intensas.

Viven una existencia estacionaria, como árboles enraizados en un lugar durante un período inimaginable de tiempo. En su primera atención, estos seres sin cuerpos y procesos orgánicos, viven como objetos estacionales. Ya que ellos tienen inmóviles su primera atención, han desarrollado la segunda al más alto nivel y son expertos usándola. Tienen cuerpos de energía como nosotros y tampoco están atados al mundo de su primera atención.

De los 48 lotes de energía consciente de nuestros

capullos, sólo dos pertenecen a nuestro mundo normal, mientras que seis pertenecen al mundo de estos seres inorgánicos. Su conciencia del mundo está parcialmente conectada a nosotros, como un espejo unidireccional a prueba de sonido. Ellos nos miran, envidian nuestros niveles de energía pero no pueden contactarnos por su propia voluntad. Normalmente, no somos conscientes de ellos, aunque a veces sentimos su presencia.

Aparte de las seis bandas que componen el mundo de los seres inorgánicos asociados, hay otros 40 lotes que, combinados, contienen al menos otros 600 mundos. Para que los exploradores humanos de la conciencia los visiten, deben primero pasar a través del mundo de los seres inorgánicos para obtener el impulso necesario de energía desde aquel reino que les permita realizar los futuros viajes de conciencia.

* * * * *

Una vez que entramos en la segunda atención nos vemos obligados a interactuar con estos seres. Si les seguimos a su mundo, ellos *'se parecen mucho a una esponja gigante':*

'Lo primero que hizo fue empujarme a través de una enorme caverna o abrirme en la masa física a la que me había estado enfrentando. Una vez dentro de esa masa, me di cuenta de que era tan homogéneamente porosa como por fuera pero con una apariencia mucho más suave, como si la aspereza se hubiera limado. Me enfrentaba a una estructura que parecía como una imagen ampliada de una colmena. Eran incontables túneles en forma geométrica que iban en todas direcciones... Los túneles parecían estar vivos y conscientes; chisporroteaban.'

Los seres inorgánicos son inamovibles pero tienen una conciencia que es mucho más sofisticada que la nuestra porque son mucho más antiguos. Inmóviles e infinitamente experimentados, buscan influir en cosas que se mueven alrededor de ellos y codician los niveles más altos de energía de los humanos.

Cuando un soñador está en la atención del sueño, se encuentra en el reino donde las entidades inorgánicas de nuestra tierra operan en su segunda atención. Ellos usan sus cuerpos de energía para crear proyecciones cuando los soñadores aparecen en su reino. Los seres inorgánicos buscan soñadores y básicamente intentan capturarlos. Ellos no pueden obligar a un soñador a hacer nada y no pueden mentir. Pero pueden leer muchos de los sentimientos más profundos de los soñadores y crear imágenes y proyecciones para tentar o asustar.

Ellos despiertan nuestra curiosidad proyectando imágenes en nuestra segunda atención porque desean interactuar con nosotros. Se sienten motivados para ello y cuando llegamos a ser soñadores en otro reino, también vamos en busca de una conciencia mejor. Llegamos a ser ávidamente sociales, buscando individuos y grupos de conciencia extraña.

Comparados con ellos, somos como niños pequeños con un montón de energía pero nada sofisticados. Ellos saben que somos vulnerables y con su vasto conocimiento y larga historia de vida en nuestro planeta, pueden fácilmente manipularnos a través de la curiosidad, el placer o el temor. Quieren incitarnos a entrar en su mundo y residir allí voluntariamente.

La decisión para permanecer en ese mundo debe ser tomada por el soñador de forma voluntaria. Una vez decidido, es irreversible y el soñador es encerrado en aquel mundo. Eso significa que muere en su conciencia normal y se convierte en un ser incorpóreo inorgánico viviendo una vida infinita en aquel lugar.

Don Juan llamó a los seres inorgánicos y a la forma en que nuestra conciencia interactúa con ellos, diabólica. Pero no había nada que pudiera hacer para ayudar a Castaneda a tomar su decisión sobre lo que debía hacer en aquel reino. Como un soñador, Castaneda necesitaba su instrucción para desarrollar sus prácticas del sueño y su energía para futuros viajes de conciencia en las áreas más emocionantes y peligrosas más allá de su reino. Tenía que decidir por sí mismo si aceptaba o rechazaba la oferta de un asilo seguro al que eran invitados todos los soñadores.

Para hacerlo incluso más diabólico, los seres inorgánicos enseñan y ayudan a los soñadores. Tan pronto como un soñador desarrolla un poco de habilidad, encuentra una 'voz soñadora' que le informa y enseña. Esta voz procede de un ser inorgánico y es de gran ayuda, informativa y honesta. Desde tiempos inmemoriales, esta voz soñadora ha enseñado a los humanos la forma de navegar en la segunda atención.

Don Juan intentó enseñar a Castaneda cómo tratar la información aparentemente invaluable que le proporcionaba la voz inorgánica. De hecho, la voz puede solo divulgar la información que el soñador ya ha almacenado en su segunda atención. Nos atraen los seres inorgánicos por su 'magnífica conciencia'. Parecen conocer nuestros más profundos pensamientos y necesidades porque son mucho más mayores y más experimentados. Al mismo tiempo, tienen un motivo oculto más para relacionarse con nosotros.

Cada soñador debe atravesar su reino y tomar una decisión individual y final en respuesta al atractivo del mundo inorgánico. Una vez que el soñador decide voluntariamente rechazar su atractivo, será libre para viajar a la apasionante pero peligrosa segunda atención. Si alguna vez expresa su deseo de permanecer en su reino y vivir una vida infinita, entrará en un mundo seguro y cerrado; su decisión es definitiva y nunca podrá abandonarlo.

El último atractivo de los seres inorgánicos es que su mundo es como un refugio para los humanos que viajan a la segunda atención. Los mundos más allá del reino inorgánico son incluso más depredadores y hostiles para nosotros que el nuestro. Los beneficios de la conciencia sólo se logran después de batallar a vida o muerte en reinos desconocidos. Nuestro mundo asociado de seres inorgánicos es un lugar seguro.

De hecho, el mundo asociado que está siempre próximo a nosotros detrás del espejo unidireccional, es la casa última de los hechiceros antiguos. Según Matus, los hechiceros de la Antigüedad se involucraron demasiado con los seres inorgánicos y la voz soñadora. Asumieron que esos seres trabajaban en su interés, ayudándoles a ejercer su poder sobre sus compañeros humanos. Los seres inorgánicos y sus proyecciones fueron los que originariamente enseñaron a la humanidad el punto de ensamblaje y cómo manipularlo, a través de sus relaciones con los hechiceros antiguos. Éstos malinterpretaron esas proyecciones para ser ayudantes o protectores, refiriéndose a ellos como sus aliados. Finalmente, Matus dijo a Castaneda que *'cada hechicero de la Antigüedad cayó, inevitablemente, presa de los seres inorgánicos. Los seres inorgánicos, después de capturarles, les daban poder para ser intermediarios entre nuestro mundo y su reino, lo que la gente llamó el inframundo.'*

Don Juan Matus le confesó que después de años explorando más allá del reino de los aliados, ahora sentía repulsión hacia los hechiceros antiguos y los seres inorgánicos, a quienes llamó 'nuestros primeros primos'. *'La energía de nuestros primeros primos es un lastre,'* dijo don Juan. *'Ellos están tan jodidos como nosotros.'*

Castaneda sabía que para ser uno de los nuevos videntes, debía primero volver sobre los pasos dados por los hechiceros antiguos, que en un punto determinado tomaron un camino diferente en busca de la libertad. Matus le advirtió repetidamente que veía en él una enorme afinidad con los viejos hechiceros y los seres inorgánicos. Al final, a pesar de los consejos de Matus, Castaneda sucumbió al atractivo del mundo de los seres inorgánicos y fue capturado.

Castaneda mantuvo un largo cortejo con este inframundo, que él mantuvo secreto para Matus. Finalmente, Castaneda mordió el cebo con la imagen de un niño inocente, encarcelado y desamparado, también llamado el 'explorador azul'. De esta forma, Castaneda desapareció en aquel mundo para rescatar al niño fantasma. Aquel debió ser el final de la historia pero don Juan y sus cohortes le encontraron y rescataron y le trajeron de vuelta a México, con el explorador azul que llevó junto a él.

Castaneda se sentía completamente agotado y tuvo que descansar en cama durante meses mientras Matus y los otros hechiceros lo interrogaban y le ayudaban a recuperarse. Se sorprendieron al escuchar su historia; de acuerdo con don Juan y sus compañeros, Castaneda de alguna forma visitó una zona del reino inorgánico conocido desde tiempos remotos pero nunca visitado antes por ninguno de ellos. No sólo eso, sino que ninguna de las historias de los antiguos hechiceros mencionaba su presencia en esa zona. La historia de Castaneda sobre su captura y rescate en el siglo XX entró a formar parte del folklore de los antiguos hechiceros.

* * * *

El siguiente paso en el entrenamiento de Castaneda consistió en cruzar la tercera puerta del sueño. Esto implicaba fusionar dos realidades: la realidad del sueño y la realidad del mundo diario. El momento de caer dormidos normalmente actúa como una barrera efectiva entre la conciencia despierta y la conciencia del sueño. Nuestra conciencia de vigilia es normal y predecible, mientras que el sueño es inusual y nada predecible. Normalmente, es bastante extraño que alguien se encuentre en un estado en el que no está seguro si está despierto o sumido en un sueño.

Sin embargo, después de años de entrenamiento, el cuerpo soñador de Castaneda podía ahora moverse libremente. Podía cambiar mundos repetidamente en el sueño y finalmente encontrar esos elementos y transportarlos desde sus sueños hasta su mundo diario. Se encontraba en una posición donde no siempre sabía si estaba en la conciencia normal, en un sueño o en un mundo soñado peligroso y desconocido.

Con exploradores de otros reinos acechándole, preparados para llevarle a reinos desconocidos y seres inorgánicos intentando arrastrarle a su mundo, llegó a ser imperativo para Castaneda saber siempre a qué se enfrentaba. Necesitaba saber si el ser con el que se encontrara era un vecino de su calle o un poder desconocido de otro reino que probablemente le atacaría sin ninguna razón, igual que podría matar a un insecto escurriéndose por su escritorio.

Algunos pueden decir que estamos varados en nuestro mundo de vida cotidiana, con nuestro punto de ensamblaje tan ferozmente unido a un lugar que somos incapaces de recordar que venimos de algún otro con un propósito. De forma semejante, los soñadores y hechiceros pueden vagar por mundos y olvidar de dónde vienen y por qué. Matus contaba historias de algunos cohortes que se adentraron en otros mundos tenebrosos y aterradores y quedaron varados, aparentemente durante décadas, y luego regresaron a este mundo donde aprendieron que habían desaparecido durante unos días. Al igual que Castaneda en el mundo de los seres inorgánicos, los soñadores pueden caer, intencionada o accidentalmente, en muchas situaciones, incluso en algo peor que la muerte.

Hay imágenes oscuras en el trabajo de Castaneda sobre los hechiceros y supuestos hechiceros que llegaron a quedar atrapados en una miseria prolongada o interminable. Esto se produjo a través de sus propias búsquedas egoístas o porque eran victimizados por otros.

Según Juan Matus, los hechiceros habían intentado descubrir a través de los tiempos las formas para prolongar la vida y extender sus conciencias, con algunos macabros resultados descritos por Castaneda. Pocos de los descritos parecen haber obtenido logros positivos y la mayoría parecen peores que la muerte. Varios tipos de 'desafiantes de la muerte' fallidos aparecen en el trabajo de Castaneda.

Estas corrientes peligrosas y confusas lograron impulso cuando Castaneda se aproximó a la cuarta puerta del sueño, que condujo al último episodio de *El Arte del Enseñar*. Esta sería la historia del aprendizaje final que Castaneda contó en México.

Después de pasar la cuarta puerta del sueño, el cuerpo de energía puede viajar a lugares específicos preseleccionados, ya en un mundo real o en la intención de otros. En otras palabras, es posible que alguien te envíe a un lugar. Matus decía que viajar a un lugar definido por la intención de alguien más es el ejercicio más difícil y peligroso. Era también *'con mucho, la predilección de los antiguos hechiceros'*.

Matus reveló que uno de los pasatiempos favoritos de los hechiceros primitivos era efectivamente vender a sus aprendices como esclavos a otro reino a cambio de poder o energía. Cuando el aprendiz alcanzaba el punto donde podía viajar a la intención de alguien más, su profesor le manipulaba en un reino que conocía y le abandonaba allí, varado en lo desconocido. Los hechiceros antiguos eran conocidos por trasladar grupos enteros de gente a otros mundos.

En otro momento importante del aprendizaje de Castaneda, encontró a un viejo hechicero que había vivido durante siglos, quizás miles de años. Este viejo era conocido como 'el desafiante de la muerte'. Como todos los hechiceros antiguos, había quedado atrapado en el mundo de los seres inorgánicos, pero de alguna manera encontró una forma para retener su prolongada existencia como un ser inorgánico sin estar confinado como un prisionero en su reino. Pudo escapar cambiando su género a femenino. Según Castaneda, en la segunda atención, el universo es predominantemente femenino y, debido a su rareza, se valora el elemento masculino. Pero el género es una posición del punto de ensamblaje, así que un hechicero masculino podía cambiar a femenino encontrando la posición correcta. Este antiguo hechicero llegó a formar parte del linaje de don Juan cuando regresó a la misma iglesia de México en la que cada generación de hechiceros obligaban al líder a comerciar: energía por el 'desafiante de la muerte' a cambio de conocimiento por el hechicero y sus cohortes. Durante miles de años, esta hechicera de la Antigüedad presenció los tiempos antiguos de la tierra y de los confines del universo, así que ella tenía muchos secretos que revelar.

Como líder de la nueva generación, Castaneda debía encontrarse con la antigua hechicera, también conocida como 'la mujer de la iglesia'. En un gesto de falsa generosidad, declinó recibir ningún regalo de su parte. Él dijo que solo deseaba dar un paseo por la ciudad de don Juan como hace 300 años cuando el 'desafiante de la muerte' contactó primero con su linaje.

Ya que ella había pasado casi toda la eternidad viviendo en la zona, tenía una imagen clara de la plaza, la iglesia, las calles y casas de la ciudad tal y como eran hace cientos de años. Una vez que Castaneda cruzó la cuarta puerta del sueño, pudo dar un paseo con ella en esa ciudad como existía en su recuerdo, y así lo hizo.

En el viaje de regreso desde la pasada imagen de la ciudad, la mujer aceptó el regalo de Castaneda sin anunciarlo, ese intercambio al que todavía tenía derecho. Ella le llevó de visita a otro lugar. Engañó a Castaneda haciéndole creer que simplemente lo había devuelto a la ciudad real en la que comenzaron desde la conciencia normal cuando, de hecho, estaba todavía acompañándole en su propio recuerdo. En este estado, logró llevar a su sueño y secuestrar a una de las nuevas cohortes de Castaneda, una mujer llamada Carol Tiggs.

Asumiendo que se había ido por dos días y una noche, Castaneda despertó de su aventura y encontró a don Juan y a sus cohortes esperándole. Sombríamente le informaron que había estado lejos nueve días, no dos. Cuando contó su historia, ellos concluyeron que la 'desafiante de la muerte' logró llevarse lejos a Carol para unirse a su destino -con la esperanza de pasar a la tercera atención con Castaneda y su grupo-.

Le dijeron que de nuevo había logrado adentrarse en los reinos del sueño y la hechicería que anteriormente Matus y su linaje desconocían. Castaneda había añadido otro capítulo sin precedentes de los tiempos modernos a los cuentos de los antiguos hechiceros de México.

Capítulo 12
DESCENSO EN LOS ANGELES

La historia de Castaneda sobre su cautividad y rescate desde la segunda atención -donde experimentó sus pioneras exploraciones-, aparece también abruptamente desconectada en su cronología. Si nos planteamos de nuevo el cuerpo completo de su trabajo, nos encontramos primero con la etapa psicodélica. Después pasamos por la etapa del guerrero penetrando en lo desconocido y luchando por encontrar a su doble. Luego, su regreso a México, donde pone el mito de los antiguos hechiceros en su lugar. Finalmente leemos sobre su pérdida y su consiguiente rescate mientras experimenta espantosos viajes de ensueño. Todo nos hace pensar que utilizó estos últimos episodios del sueño como una plataforma para viajar con un nuevo grupo de aprendices a otro reino: Los Ángeles.

Con los límites colapsando dentro y alrededor suyo, de nuevo Castaneda reorganizó sus personajes y reformuló su propia historia, la historia del famoso aprendiz de hechicería. Todo representa la iniciación e introducción para la siguiente y última fase de su historia personal que acontece en su lugar favorito: Los Ángeles.

Para la mayoría de los lectores es en este punto donde Castaneda lleva su vanidad demasiado lejos y comienza a desentrañarse la complejidad. Es difícil creer que realmente Castaneda experimentara todas sus aventuras con don Juan y esos variables grupos de aprendices para después aterrizar como un hombre rico y famoso en Los Ángeles con un harén de bonitas y poderosas mujeres y una multitud de seguidores exaltados por cada una de sus declaraciones.

En retrospectiva, el escenario más probable de lo que ocurrió se contendría en estas líneas: Castaneda escribió su primer libro en la década de los sesenta para comenzar su doctorado en UCLA y establecerse como antropólogo. Por aquel entonces, tenía acceso a la información original de una tradición religiosa y hechicera cuyo dogma le presentó los conceptos de la primera y la segunda atención.

En la Antigüedad, esta tradición fue común en muchas partes del mundo. Existían numerosos relatos escritos y orales que definían los preceptos de esta proto religión y contaban historias de sus santos y seguidores. Estos relatos habrían sido severamente reprimidos durante la Inquisición, así que todo lo que quedaba permaneció en secreto. Esta información original podría haber consistido en tratados formales de preceptos religiosos o diarios y mitos describiendo las actividades de héroes reales o mitológicos de la tradición. La originalidad y efectividad de Castaneda describiendo actividades de personajes de los siglos XVIII y XIX en el linaje de Juan Matus podría ubicar el origen de sus fuentes en esa época.

Castaneda pudo haber tomado la decisión fatídica mientras escribía su primer libro con el propósito de defraudar a la UCLA insertándose a sí mismo en la historia que había encontrado. Podría haber inventado el personaje de don Juan basado en la información que le proporcionaron antropólogos con los que había conversado en UCLA cuando era estudiante. Y más tarde, haberse introducido él mismo en el rol de aprendiz.

Quizás escribió su primer libro, *Las Enseñanzas de Don Juan: Un Camino Yaqui de Conocimiento,* para que circulara y se debatiera sólamente en las revistas académicas entre antropólogos para lograr su doctorado final y una carrera como profesor de Antropología. Cuando el libro se publicó y se convirtió en un gran éxito de ventas en todo el mundo, surgieron infinitas posibilidades, tanto lucrativas como traicioneras.

Cuando se dio cuenta de que el primer libro recibió interés de la crítica y recompensas monetarias, seguramente pensó que escribir más libros no harían daño a nadie. La posibilidad de convertir la historia de don Juan el hechicero en un mito épico de los tiempos antiguos y llevarlo hasta el s.XX, pudo haber calado poco a poco en Castaneda.

Posiblemente compuso los tres primeros libros basándose sólo en entrevistas con informantes locales de México que conocían algunas historias antiguas. Cuando se familiarizó con las filosofías del doble y la segunda atención, se abrieron para él infinitas posibilidades de relato. En este escenario, su fraude se ampliaría y profundizaría hasta volverse demasiado difícil de manejar ya que se entrelazaba difícilmente con su vida personal y la primera atención en Estados Unidos.

Al mismo tiempo, bajo estas circunstancias podemos decir que su logro literario fue asombroso. Y fue fantástico que su aún próspera carrera conviviera con la publicación de los libros de Florinda Grau y Taisha Abelar en 1991 y 1992.

* * * * *

En la introducción de *El Arte de Ensoñar* (1993), Castaneda mencionó a tres nuevas aprendices de hechicería como sus nuevas compañeras y prometió escribir más tarde sobre sus aventuras y preocupaciones. En otras palabras, dijo que un segundo grupo de coaprendices se habían unido a él y don Juan entre 1970 y 1973, presumiblemente después de que el primer grupo se volviera inviable. Este razonamiento es difícil de encajar en sus primeros trabajos, pero plausible. El nuevo grupo estaba formado por sólo tres mujeres.

La conclusión es que debió encontrar a los miembros de este grupo en la segunda atención antes de 1973. Esto significa que no las recordó hasta que fueron reapareciendo en su primera atención más de una década después. Se volvió á familiarizr varias veces con ellas entre 1981, cuando mencionó a una de ellas brevemente, y 1993, cuando introdujo a las tres en *El Arte de Ensoñar*.

La primera fue Carol Tiggs, a la que llamaba la 'mujer nagual'. Era conocida como la colega femenina de Castaneda y la colideresa de los hechiceros de su generación. Juan Matus la reclutó en Tucson, Arizona, poco después de su primer encuentro con Castaneda. Trabajaba entonces en una oficina del gobierno donde Matus fue a conseguir algunos documentos. Simuló ser un americano nativo indefenso confundido con la burocracia y la visitó repetidamente durante tres meses hasta que pudo llevarla a su casa.

Como una mujer nagual, Carol debería haber dejado el mundo con Matus y su grupo en 1973, pero no sucedió de esta manera. La nueva historia cuenta que antes de ese acontecimiento, se mezcló en las aventuras del sueño de Castaneda, en el reino inorgánico y también con la vieja hechicera conocida como 'la mujer de la iglesia.' En vez de seguir a Matus y sus cohortes, Tiggs desapareció con la hechicera.

Las otras dos recién llegadas fueron Taisha Abelar y Florinda Grau. Nunca fueron apropiadamente presentadas en los libros de Castaneda. Sin embargo, ellas escribieron sus propias experiencias.

Castaneda constató que no sólo uno, sino dos autores intensificaron, afirmaron y difundieron su propia historia, la historia épica de un moderno aprendiz de hechicero. Ambos autores se describían a sí mismos como personajes en viajes paralelos y en sus interpretaciones se encontraban e interactuaban con todos los jugadores en distintos niveles de conciencia. Para el escritor Castaneda, esto fue un auténtico triunfo literario.

Castaneda, Grau y Abelar intentaron dirigir estas tres versions de la historia a través de una eclosión en el mundo histórico contemporáneo. Todos se conocieron en Los Ángeles. Junto a sus lectores fieles, cada uno intentó entender y aceptar el nuevo planteamiento, que inevitablemente creó contradicciones.

La razón de Castaneda para introducir tan tarde a los nuevos aprendices, Grau y Abelar, en 1993, debió ser porque habían estado juntos entre 1970 y 1973. Sin embargo, sólo interactuaron en la segunda atención y, por lo tanto, se olvidaron mutuamente.

Grau decía que había visitado a Castaneda en Los Ángeles incontables veces, que tenía las llaves de su casa en 1972 y que había conducido con él repetidamente a México y a Los Ángeles. ¿Estuvieron haciendo ese viaje de tres días en la segunda atención? Aprendimos más tarde que inmediatamente después de su salto por el acantilado en 1973, Castaneda regresó a su apartamento de UCLA. ¿Por qué ambos no se encontraron en su casa de Los Ángeles durante todos esos años después de 1973 cuando estaba en la cima de la fama y ella tenía aún las llaves de su casa?

Florinda Grau, que más tarde sería conocida como Florinda Donner, era una alemana que creció en Sudamérica. Cuenta en su libro *Ser en el Ensueño* (1991) que la reclutaron para vivir durante meses en la casa de Juan Matus en México Central con su grupo de viejos hechiceros. Esto fue en 1970 mientras estaba en UCLA, aunque por aquel entonces no conocía personalmente a Carlos Castaneda.

Cuenta que, sin saberlo, fue expuesta por primera vez a Castaneda en una escena creada por Matus. Intencionadamente él puso un insecto muerto en su hamburguesa en una cafetería de Tucson para crear una confrontación con el escritor, que por entonces se hacía pasar por un cocinero llamado Joe Cortez. Un año después, en 1971, le encontró otra vez como Joe Cortez mientras deambulaba entre la niebla en las montañas cerca de Los Ángeles. Finalmente, presenció una conferencia de Castaneda en el campus de UCLA, le reconoció y fue a saludarle detrás del escenario.

Castaneda sospechaba que existía alguna extraordinaria conexión entre ellos. La invitó a México, a la casa de los hechiceros, sin saber que había estado allí previamente. Cuando llegaron, se unió felizmente al grupo y llegó a formar parte del ciclo de aprendizaje de la generación correspondiente al liderazgo de Castaneda. De acuerdo con Grau, Castaneda utilizaba muchos alias como parte de su intento para ser lo que Matus llamaba un 'acosador': además de Joe Cortez, también era conocido como Charlie Spider e Isidoro Baltazar.

Grau decía que fue entrenada por los miembros femeninos de la generación más antigua. Su entrenamiento como hechicera femenina difería de la formación de Castaneda. Como mujer, era automáticamente más fluida en el sueño. Su aprendizaje se centraba en usar el vientre como la principal ubicación de poder e inteligencia. Decía que no necesitaba padecer los años de duda y cuestionamiento, engaños y engatusamientos que caracterizaron el entrenamiento de Castaneda. Para ella era natural soñar en varios niveles. Por otra parte, ella apenas escribió sobre las filosofías subyacentes de los seres luminosos y sobre el punto de ensamblaje.

Castaneda sostenía que la principal diferencia entre los aprendices masculinos y femeninos consistía en que *'los guerreros debían tener serias razones antes de aventurarse de forma segura en lo desconocido. Las guerreras no tenían este cuestionamiento y podían ir sin ninguna duda, confiando completamente en cualquiera que les dirigiera.'* Otra forma de explicarlo es que los hombres tienen más sobriedad y sentido del propósito, mientras que las mujeres son más intensas y presentan un talento más puro.

Grau decía que había acompañado a Castaneda en su

viaje final a México para ver a Matus el día que contaron a Castaneda que los viejos hechiceros abandonarían este mundo. Fueron juntos en el coche, pero ella permaneció en casa del grupo de hechiceros, mientras que Castaneda continuó hacia la meseta desde donde saltó por el acantilado. Nunca regresó a ella y Grau se marchó con algunos de los viejos aprendices que quedaron atrás.

El libro de Abelar, *Donde Cruzan los Brujos*, se publicó en 1992, un año después del libro de Grau. Abelar decía que don Juan Matus la descubrió en 1960 en Tucson cuando sólo tenía 15 años. Mientras buscaba el servicio de caballeros en un autocine, Matus entró accidentalmente en la zona de personal e interrumpió a Abelar cuanto estaba a punto de mantener relaciones sexuales con otro empleado. Le conmocionó tanto su inesperado encuentro que lo consideró un presagio. Hizo que sus cohortes femeninas rastrearan sus pasos a lo largo de los años hasta que envió finalmente a alguien para llevarla a México.

Abelar pasó años viviendo en casa de los hechiceros con dos profesores, un cuidador y un gran perro llamado Manfred que también era un hechicero (el mismo perro que ayudó a doña Soledad a atrapar a Castaneda). Abelar se encontró con Juan Matus varias veces en México.

El entrenamiento de Abelar consistió principalmente en la recapitulación, la técnica del recuerdo mediante la cual se rememora en la primera atención mientras el ejercicio de respiración profunda limpia los residuos energéticos de las interacciones recordadas. También le enseñaron los 'pases mágicos', movimientos físicos diseñados para redirigir la energía en el cuerpo y en el doble.

Durante la mayor parte de su entrenamiento, durmió

en una casa en lo alto de un árbol (con un pararrayos para protegerla) y pasó muchos días suspendida de las altas ramas mediante elaborados arneses. Le hablaron sobre Castaneda, el 'nuevo nagual', pero nunca se encontró con él, aunque le veía desde la distancia cuando estaba con el grupo completo de Matus.

Ella decía: *'Cuatro de los hombres eran más mayores y parecías tan fieros como los nagual, pero uno era joven. Tenía una oscura complexión; era pequeño y parecía muy fuerte. Su pelo era negro y ondulado. Gesticulaba de una forma animada cuando hablaba y su cara era energética, llena de expresión. Había algo en él que le hacía destacarse del resto. Mi corazón dio un salto y me atrajo instantáneamente hacia él.'*

* * * * *

Después de *El Arte de Ensoñar*, estuvo cinco años sin publicar libros hasta que *Pases Mágicos* apareció en 1998. En la introducción a este libro, Castaneda reconocía haber aceptado su destino porque era incapaz de continuar y pasar al linaje de don Juan. Después de 27 generaciones, el linaje de don Juan terminó con él. Ya que Castaneda no podia transmitir el conocimiento a un grupo secreto de nuevos hechiceros, decidió en cambio que debía encontrar formas públicas de difundirlo.

Castaneda había escrito nueve libros hasta ese momento. Pudo recordar todas las enseñanzas que fue capaz de manejar y las describió por escrito. Pero faltaba una pieza: *Pases Mágicos*, los últimos secretos del escritor. Decidió tomar esta pieza final y formularla en una colección moderna de ejercicios tipo artes marciales y comercializarla con una marca: Tensegrity.

Castaneda explicó que los pases mágicos no eran inventados, sino descubiertos por los hechiceros de los tiempos antiguos. Decía que *'mientras se encontraban en estados de elevada conciencia, sus cuerpos se movían involuntariamente en ciertas formas que... causaban... una sensación inusual de plenitud física y moral'.* Don Juan sentía que estos movimientos eran algo como 'un patrimonio oculto de la humanidad abandonado en nuestros cuerpos para ser descubierto y aliviar así las tensiones extremas del camino del guerrero mientras hacía que el cuerpo fuera flexible y fuerte'.

Castaneda decía que Matus le enseñó los seis centros principales de vitalidad del cuerpo humano. La coacción y el estrés de la vida cotidiana aleja la energía de estos centros. La energía no utilizada se acumula en la periferia de la esfera luminosa donde se endurece dentro de una cáscara. Al realizar los pases mágicos se rompe esta energía incrustada y la vitalidad del cuerpo regresa a los centros originales.

Los seis centros principales de vitalidad se enumeran en orden de importancia: el área del hígado y la vesícula biliar; el páncreas y el bazo; los riñones y las glándulas suprarrenales; la zona hueca delante del cuello; el vientre y la parte superior de la cabeza.

Castaneda aseguraba que el centro de energía en la parte superior de la cabeza había sido secuestrada por un poder extranjero y poseía dentro una extraña energía. *'El sexto centro de energía,'* afirmaba, *'no pertenece al hombre. Usted ve, los seres humanos estamos bajo asedio, por así decirlo. El centro ha sido tomado por un invasor y un depredador invisible. Y la única forma de vencerle es fortificando todos los otros.'*

Una vez que se presentaron las nuevas aprendices no volvimos a ver al viejo Castaneda en este papel. El estudiante que tomaba notas, dudaba, cuestionaba, que no veía, asustado y confuso, que actuó como una hoja protagonista complementario a Matus y Genaro Flores en los primeros libros, había desaparecido. Castaneda era ahora el 'joven nagual', el líder de la nueva generación. En cuanto a sus seguidores, sustituyeron las viejas palabras descriptivas como estudiante, cohorte y aprendiz por una nueva palabra: discípulo.

Capítulo 13
UNA CONCLUSIÓN YAQUI

Según Matus, su civilización indígena Yaqui había quedado reducida a un pequeño grupo después de varios siglos de opresión, un grupo pequeño comparado con lo que fue una vez. Estas reducidas bandas de supervivientes que habían resistido en avanzadillas se extendieron a lo largo del desierto de Sonora en Arizona y en el norte de México. Tras la conquista española, perdieron su forma de vida y sus tierras para los mexicanos y tan sólo les quedó la ira y la autocompasión.

Castaneda intentó varias veces entrar en una ciudad Yaqui, pero *'tuvo que retroceder por la gran hostilidad de las personas que vivían alrededor'*. Los banqueros del gobierno eran los únicos extranjeros permitidos en la ciudad porque compraban todos los cultivos de los granjeros Yaqui.

Una vez Don Juan llevó a Castaneda a la ciudad en la segunda atención y, aunque no hablaba Yaqui, sintió que le enviaban un mensaje claro:

'De hecho, esa gente era guerrera. Sus proposiciones eran

proposiciones de lucha, guerra, estrategia. Medían su fuerza, sus llamativos recursos y lamentaban carecer del suficiente poder para dar sus golpes. Registré en mi cuerpo la angustia de su impotencia. Todo lo que tenían eran palos y piedras para luchar contra armas de alta tecnología. Lamentaban su carencia de líderes. Ellos codiciaban, más que cualquier cosa, la aparición de algún carismático guerrero que pudiera galvanizarlos e incitarles.'

Juan Matus decía que la tribu derrotada y humillada de los Yaquis personificaba la básica condición humana de nuestra época. Nos sentimos derrotados, humillados y abandonados sin poder debido a una fuerza externa monstruosa que gobierna y arruina nuestras vidas. Es lo único que, según Matus, comparte la humanidad. Todos los humanos tenemos el mismo sentido de la ofensa, de la autocompasión y el agravio – incluso los billonarios y los presidentes de las naciones-.

En cada libro escrito por Castaneda, don Juan Matus volvía a este tema reiteradamente. Los rasgos principales de la humanidad son la autocompasión y su concomitante autoimportancia. Estas son características consistentes y universales de la humanidad de nuestra era. Y es una gran verdad para todos los adultos que vivimos en el planeta independientemente de nuestra ubicación, raza, credo o condición. Nuestro diálogo interior, que estabiliza nuestra perspectiva del mundo, está repleto de problemas, expectativas incumplidas, frustraciones y agravios interminables. Estamos atrapados en este diálogo y ni siquiera concebimos que en el pasado pudo haber otro tipo de conciencia e incluso que exista en el futuro.

Matus decía que si comparamos la historia de la

conciencia con un río, los seres humanos hemos quedado atrapados en un pequeño remolino que nos arrastra hacia una piscina lateral del río principal donde giramos sin fin, sin llevarnos a ningún sitio. Decía que es una condición temporal que nos imponen desde fuera.

En los primeros tiempos del conocimiento silente, tan opuestos a la edad de la razón actual, existió un reino diferente de conciencia y conocimiento junto a una diferente clase de humanos. Gobernaba entonces la religión de Matus y sus líderes eran hombres y mujeres que ahora llamamos hechiceros. Su campo de actividad en los reinos de conciencia era mucho más amplio que en la actualidad. Sin duda, fue también un tiempo mucho más sombrío.

Una vez que quedó claramente expuesta la posición de la razón, la humanidad se decantó por ella, lejos de la principal conexión con la naturaleza y el poder dominante arbitrario de los viejos hechiceros. La edad de la razón trajo consigo nuevas reglas y un poder nuevo procedente de la tecnología.

Según Matus, este movimiento que procedía de la era del conocimiento silente y se trasladó a la época del lenguaje, la ciencia y la razón, llegó con un invasor de otra zona del universo de energía consciente. Cuando nos movimos a una forma de conciencia estrechamente circunscrita por la razón, dejando vastas partes de nuestro ser total sin usar, un depredador aprovechó este tránsito. Entró sin ser visto para secuestrar nuestra descuidada conciencia, que constituye su comida y la vasta mayoría de nuestra conciencia total.

Es sorprendente que Castaneda esperara hasta los últimos capítulos de su más reciente libro para introducir al depredador llamado "volador", aunque si incluyó algunas descripciones claras pero inexplicadas e indefinidas en sus primeros trabajos. Decía que esta la presencia del "volador" justifica el uso de sólo una pequeña parte de nuestro ser completo para vivir nuestras vidas y el poco poder disponible para nosotros; es también la razón de percibir de forma tan pequeña lo que debería ser nuestro derecho por nacimiento en un universo con tantos universos dentro.

¿Por qué nuestros seres tienen tan amplios reinos de conciencia y sin embargo se nos niegan y reducen? ¿Por qué nos identificamos exclusivamente con nuestro ser soñado y negamos al soñador, nuestro doble, que es la parte más amplia? ¿Cómo podemos vivir una doble vida pero recordar sólo parte de ella, la parte más pequeña?

Según Castaneda, quedamos atrapados en esta condición porque un invasor invisible de otro reino nos lo ha impuesto desde fuera. Este depredador monstruoso y maléfico procedente de algún lugar de los vastos territorios del universo nos tiene prisioneros. Vive con nosotros y se alimenta de nuestra conciencia; nos controla imponiendo su propia mente sobre la nuestra. Es un depredador medio visible de una especie organizada e inteligente, un ser inorgánico de nuestro mundo gemelo que ha triunfado convirtiéndose en un 'hombre, el ser mágico al que está destinado ser... [en] un pedazo de carne normal'.

Nos mantienen como ganado y repetidamente nos despojan de nuestra conciencia. En un ingenioso proceso, el depredador nos roba la mejor parte de nuestra conciencia y deja sólo aquella que se enciende con la autocompasión y la auto importancia. Esta impotentes destellos también son consumidos en un repetitivo proceso que desesperanza y una furia impotente. Como prisioneros que cumplen una larga sentencia sin ni siquiera saber la razón de su crimen, dirigimos nuestra energía hacia la lucha por el estatus y el privilegio que nos permiten en nuestra prisión.

De alguna manera este depredador instala su propia mente sobre nuestra mente natural. Al ser un depredador secreto involucrado en una actividad nefasta, su mente es conspirativa, afilada, furtiva, evasiva e insidiosa. Por encima de todo, teme que le descubran y permanecer expuesto. Ya que el depredador ha instalado su mente sobre nosotros, creemos que sus preocupaciones y sentimientos temerosos y paranoicos son nuestros más importantes preocupaciones y sentimientos. Cuando hacemos los pasos para eliminar al depredador de nuestras vidas, tememos la ira de una justicia superior porque esas son las preocupaciones del depredador mismo. Tiene un miedo mortal a ser capturado y expuesto por sus nefastas acciones y, por lo tanto, a ser privado de comida.

Del mismo modo que necesitamos una exposición repetida cuando vemos el molde del hombre traspasar la primera impresión donde nos sentimos impresionados y sobrepasados por la gloria de nuestra propia imagen arquetípica, así ocurre con el 'volador'. Se necesita esta exposición repetida del depredador para superar el horror, el temor, la culpa, la falta de esperanza y la impotencia que sentimos en el primer encuentro.

Cuando el 'volador' se enfrenta repetidamente con una mente silente, se aleja. El silencio profundo, lo opuesto al diálogo interno, nos hace imposibles de digerir para el depredador.

Cuando el depredador se va, regresa nuestra conciencia. Podemos recuperar nuestro abrigo de conciencia, nuestro brillo. Según Matus, ese es el *'día más duro en... la vida, para una mente real que nos pertenece, la suma total de nuestra experiencia después de toda una vida de dominación que se ha vuelto tímida, insegura y furtiva. Personalmente, diría que la batalla real... comienza en ese momento. El resto es una mera preparación.'*

Este monstruo temible que nos gobierna y aprisiona es una parte integral del universo, como nosotros. Los humanos son sofisticadas 'sondas energéticas creadas por el universo'. A través de nosotros, el universo intenta ser consciente de sí mismo. Los monstruos que nos encarcelan constituyen nuestros desafíos. No hay otra forma de mirarlos. Si los tomamos como tales, podremos continuar.

Capítulo 14

EL ABUELO Y ANTOINE

Tener que creer no es lo mismo que simplemente creer. Pensamos que vivimos en el mundo de la razón, pero existe también el mundo de la voluntad y el poder. Para Matus el momento más peligroso es precisamente cuando no tenemos enfrente a ninguno de ellos. Si esto ocurre, lo mejor es actuar con absoluta fe. Para seguir adelante debemos creer sin estar convencidos aunque eso no nos exonera de analizar nuestra situación.

Una de las primeras historias de Castaneda, incluida en *Relatos de Poder*, ilustra esta reflexión: la historia de Max el gato. Castaneda tenía una amiga que encontró y crió a dos gatitos abandonados. Cuando años más tarde tuvo que vender su casa, le fue imposible llevarlos consigo. Ni siquiera fue capaz de regalarlos. La única posibilidad era entregarlos a un refugio de animales y sacrificarlos, así que Castaneda se ofreció para ayudarla y llevarla en su coche.

Cuando llegaron, aparcó fuera del refugio. Su amiga

se llevó a un gato y entró en el edificio. Mientras se llevaba al animal, éste jugaba con el propietario, ronroneando y acariciándole suavemente.

Castaneda miró al otro gato, Max. En un instante, vio que el animal sabía exactamente lo que estaba ocurriendo y de ninguna manera iba a consentir que le llevaran a ningún lugar. Max gruñó, bufó y se ocultó debajo del asiento. Después de hacer algunos tibios intentos por atraparle, Castaneda abrió la puerta del coche y gritó: 'corre, Max, corre!'

Max de repente se transformó 'en un verdadero felino' y salió disparado del automóvil, bajando por la calle y por la cuneta hasta encontrar una gran alcantarilla por donde desapareció.

Castaneda contó esta historia a sus amigos una y otra vez y poco a poco desarrolló un agradable sentido de identificación con Max. Castaneda sabía que, aunque podía ser también una mascota mimada, algún día sería superado por el 'espíritu del hombre' y elegiría en el último momento lanzarse a su viaje definitivo.

No es suficiente creer en la opción más feliz, le dijo Matus. No puedes descartar simplemente la segunda opción porque el gato se podía haber ahogado o podía haber muerto en minutos en su carrera hacia la libertad. Una cosa es tener un momento lúcido cuando el espíritu se hace cargo y otra cuestión es estar preparado y respaldado para ello.

Podemos considerar otra opción. ¿Qué pasa con el otro gato? Naturalmente, nos queremos identificar con Max, pero ¿qué pasaría si fuéramos como el otro gato encaminándonos felizmente a nuestra perdición mientras todavía soñamos con ser el gato de la casa?

Para hacer un juicio final sobre la veracidad y el valor del trabajo de Castaneda, debemos también situarnos en los dos mundos donde ninguno es posible. Primero, podríamos simplemente creer la historia de Castaneda al pie de la letra, la historia de su encuentro con don Juan en Arizona en 1960 tal y como está escrita. En los libros, Castaneda nos ofreció dos pistas contundentes para rechazar esa opción. Respaldó la contradictoria historia de Florinda Grau sobre su interacción con él e insertó en las últimas páginas la historia de Antoine, el plagiario, que nunca se publicó.

La segunda opción es enfrentarse a esas contradicciones y fallos de anotación y corroboración de Castaneda, así como a otras inquietudes que pueden existir fuera de sus textos. Le juzgamos como un fraude desvergonzado, un embaucador y charlatán de baja estopa, cuya flagrante y deliberada deshonestidad socava y descalifica todos sus escritos. Sus ideas, por tanto, deben también considerarse indignas.

Si queremos resaltar un valor positivo del trabajo de Castaneda, sin permitir que nos engañe, debemos creer en una tercera opción: que la historia de Antoine representa la confesión de Castaneda en el lecho de muerte. Eso significa, por supuesto, que el autor no vivió la vida que describió en sus libros. De alguna forma, plagió el trabajo de otra persona para producir la gran épica de los personajes de Carlos Castaneda, don Juan Matus y el resto de hechiceros y aprendices.

Posiblemente el autor descubriera un antiguo manuscrito desconocido que contaba la historia de otro Castaneda y don Juan, bien real o imaginario, de otra época. Pudo también haber conocido a un narrador que contaba la historia de un legendario don Juan o a alguien que recitaba historias herederas de una tradición oral tribal.

En cualquier caso, es posible que Castaneda al principio se introdujera en la historia como el personaje principal sin prever la increíble popularidad que lo condenaría e involucraría irremediablemente. Un éxito tras otro le obligó a continuar y extender la falacia, en principio tan sólo para dos o tres libros y después durante décadas hasta que el peso del engaño llegó demasiado lejos y, para muchos lectores, el mito empezó a resquebrajarse.

Ya fuera verdad o ficción, o auténtico pero un plagiado ¿cuál es su valor? ¿es buena la historia? Esas son las preguntas que debemos creer.

* * * * *

No es fácil imaginar el tipo de infancia y crianza del siglo XX que llevaría a un autor a escribir la historia épica de Castaneda y don Juan, ya fuera verdad o ficción. Podríamos imaginar a un niño criado sin trabas por una familia buena e independiente del campo, sin reglas ni protección. Probablemente viviría en un país que existiera de alguna forma fuera del tiempo, lleno de personajes históricos pero alejados del las turbulancias globales de aquella época. Aquel niño habría alcanzado la mayoría de edad como un occidental mixto nacional durante la Segunda Guerra Mundial sin sentirse afectado por ello.

Castaneda proporcionó muchas anécdotas de sus primeros años y añadió más en su último libro, *El Lado Activo del Infinito*. Contaba que su madre le abandonó cuando era muy joven y su padre, maestro de escuela, le envió a la rica granja de su abuelo en algún lugar de

Sudamérica, donde se criaría los primeros años. Castaneda concibió esta situación ideal por criarse con un padre que él describía como 'considerado, tierno, gentil e indefenso' y con un abuelo más poderoso.

Consecuentemente, se abandonó principalmente a sus propios recursos. De niño, vagaba por la granja de su abuelo. Cuenta que, cuando un halcón blanco sobrevoló la granja para atemorizar a su gallinero, Castaneda pasó semanas acechando al pájaro y, cuando finalmente tuvo la oportunidad, levantó su rifle y apuntó hacia él, pero decidió no abatir a esa magnífica criatura.

Después, de forma audaz, hizo amistad con el archienemigo de su abuelo, Leandro Acosta. Éste era un un vagabundo sin hogar al que su abuelo acusaba normalmente de robo. Vivía en los bosques y sobrevivía de varias formas, principalmente atrapando animales vivos para venderlos a coleccionistas. Después de compartir algunas expediciones de caza, Acosta propuso al niño de ocho años que le ayudara con su desafío más importante: atrapar a un buitre vivo. Esto implicaba coser al niño en la tripa de un asno muerto y esperar que descendiera el buitre rey para comerse al animal. Todo marchaba de acuerdo a su plan y cuando el buitre abrió el cuerpo del asno y asomó su cabeza, Castaneda le sujetó por el cuello y lo mantuvo así el tiempo suficiente para que Acosta y sus ayudantes capturaran al pájaro.

A los nueve años, jugaba al billar extremadamente bien. Cuando un amigo criminal, Falelo Quiroga, fue consciente de su habilidad, sobornó al muchacho con café y pasteles daneses. Lo enfrentó a los tiburones del billar en partidas a medianoche con apuestas de alto riesgo. Cuando se encontró con Quiroga por primera vez, se presentó como Carlos Aranha, su nombre preferido cuando era niño. Quiroga le envió a uno de sus matones para ayudarle a escapar de su habitación y participar en cada torneo, sosteniéndole mientras escapaba por la ventana. Así ganó partido tras partido y Quiroga prometió poner dinero en el banco para el chico. Al final, le exigió que amañara el juego para perder por un punto intencionadamente. Si se negaba, el temible matón le amenazaría con algún castigo indefinido. Castaneda se sintió confusó y no supo qué responder. Pero de alguna forma su abuelo se enteró y le salvó separándole de la familia y enviándole a una ciudad lejana.

En su nueva ciudad, estando el río inundado, navegó corriente abajo con su amigo Crazy Shepherd. Terminaron varados en una isla durante ocho días mientras el río rugía incansablemente. La gente de la ciudad les envió balsas de suministros para mantenerlos con vida.

Un año más tarde, cuando tenía diez, su compañero de pesca, Sho Vélez, le desafió de nuevo a navegar, pero esta vez por un río subterráneo e inexplorado que cruzaba por una caverna y atravesaba una montaña. El padre algo desquiciado de Vélez planeaba hacerlo en balsa, pero habría sido fatal. Para salvar al padre, los chicos robaron la balsa, entraron en la cueva y flotaron sobre la fuerte corriente en medio de la montaña. Terminaron en una piscina profunda sin salida visible y ninguna forma de regresar. Castaneda se inclinó entonces y encontró un agujero cerca del fondo que había drenado la piscina. Sin otra opción, los chicos abandonaron la balsa y se sumergieron en el agujero, descendiendo por un tobogán de agua hasta emerger por el otro lado de la montaña.

Crazy Shepherd y Vélez eran los únicos en la ciudad a los que Castaneda consideraba vivos y vitales; tenían coraje. '*Nadie más poseía tales valores en la ciudad. Había probado a todos. En lo que a mí respecta, están muertos, incluido mi abuelo, el amor de mi vida.*'

Algunas décadas más tarde, don Juan le insistiría a Castaneda que descargara su conciencia de todos los recuerdos importantes, bien para agradecer a los protagonistas que compartieron sus experiencias positivas o para liberarse de cualquier recuerdo nefasto de su vida.

El abuelo de Castaneda solía compararle con sus dos primos de la misma edad. Alfredo era atractivo y mimado por su buena apariencia y acudía con frecuencia a todas las fiestas porque siempre le invitaban. Luis era hogareño y no demasiado listo, pero honesto. Apenas le invitaban y permanecía en casa. Según su abuelo, Carlos era un hijo de puta, ni bueno ni malo, en general siempre rechazado, pero siempre iría a cualquier fiesta fuera como fuera.

Cuando tenía 14 años, Castaneda vivió durante un tiempo con una tía cuya casa estaba plagada de fantasmas. Después, alguien le envió a Italia para estudiar escultura. Mientras estaba allí, su amigo escocés, Eddy, le presentó a una inolvidable prostituta ya envejecida, Madame Ludmilla.

Su siguiente recuerdo nos transporta a sus dos mejores amigas de la escuela secundaria, Patricia Turner y Sandra Flanagan. Procuró que ambas se enamoraran de él al mismo tiempo. Más tarde, se comprometió con Kay Condor, una aspirante a actriz; le gustaba porque era rubia y porque le sobrepasaba una cabeza en altura. Sus amigos vinieron a la boda, pero Condor, incapaz de soportarlo, envió un mensaje disculpando su ausencia.

Los profesores y empleados de Castaneda formaron parte también de su recapitulación. Pero la última y la actriz principal fue su abuela a quien presentó de repente y de la que afirmaba que representaba el verdadero poder detrás de su benevolente abuelo. De hecho, no había razón para contar esta historia, especialmente al final de su último libro y tan cerca del final de su vida.

Su abuela rescató a un indígena local a punto de ser linchado por sus empleados, acusado de hechicería. Este hombre se convirtió en su sirviente y le aconsejó adoptar un huérfano recién nacido para criarlo como a su propio hijo, con el consiguiente disgusto de toda la familia. Envió a su hijo adoptivo, llamado Antoine, a estudiar a Europa. Cuanto éste tenía treinta y tantos años, regresó para visitarla mientras el joven Castaneda vivía con ella.

Castaneda y su abuela describieron a Antoine como *'dramaturgo, director de teatro, escritor y poeta'*. Ambos aseguraban que, mientras todos los miembros de la familia parecían cadáveres andantes, Antoine era pura vida. Su único deseo incumplido fue tener talento y convertirse en un 'autor reconocido'.

Antoine escribió, dirigió y actuó en una aclamada obra de un teatro local. Durante meses, las representaciones tuvieron mucho éxito hasta que, repentinamente, le denunciaron en un periódico asegurando que su trabajo era un plagio. La abuela se negó a aceptarlo y continuó apoyando a su hijo adoptivo, acusando a toda la ciudad de profunda envidia.

Días más tarde, la abuela convocó a Antoine para una reunión. Le confesó que estaba muriéndose y que apenas tenía tiempo, pero le animó a continuar y a seguir viviendo. Aconsejada por su hechicero, vendió todo lo que poseía y transfirió todo el dinero a Antoine. Ella abandonaria el pueblo junto al hechicero e imploraria a Antoine que se marchara antes de que la familia pudiera vengarse. Antoine empaquetó sus baúles, llamó a un coche y a un chófer y realizó su última parada en casa de la abuela antes de partir. Recitó un nuevo poema original que la abuela inmediatamente aceptó como plagiado aunque valioso, y le envió de nuevo a Europa.

Debemos creer que a Castaneda le hubiera gustado que le hubiéramos tratado de la misma forma en la que su abuela trato a Antoine.

Capítulo 15
DOCE LIBROS, TREINTA AÑOS

Para tener una idea del alcance y ámbito de los trabajos completos de Castaneda y cómo introduce e ilustra sus ideas subyacentes, ofrezco a continuación las sinopsis y resúmenes de los 11 libros publicados. La filosofía que el escritor proponía para alcanzar una conciencia total a través de la memoria y la interacción de la primera y la segunda atención, puede entenderse mejor en el contexto de una historia que se desarrolló a lo largo del tiempo. Incluyo también fechas para mostrar el contexto cronológico de libros y eventos históricos.

++++++++++++

Libro 1: *Las Enseñanzas de Don Juan: Una Forma Yaqui de Conocimiento* (1968)

SINOPSIS: Castaneda conoce a don Juan en una estación de autobúses. Introducción de los conceptos *diablero* y *brujo*. La historia de la familia de don Juan. Las fechas del aprendizaje inicial: 1960 a 1965. Tres 'plantas de poder'. Objetos de poder. Hechicería y aliados del maíz.

Descubriendo el mejor sitio para sentarse en el porche. Comiendo peyote y jugando con el perro. La semilla del diablo. Cuatro enemigos: el temor, la claridad, el poder y la vejez. Recogida del peyote. Encuentro con Mescalito. Encontrar un camino con el corazón. Datura y los lagartos. Datura y volador. El estrecho humo que lleva lejos tu cuerpo. Mescalito cantando en un campo luminoso de peyote. Algas marinas, el volador. La semilla del diablo como espía. Dos lagartos. Cómo convertirse en un cuervo. El último encuentro. Su alma perdida y reconquistada.

RESUMEN: El primer libro, publicado en el apogeo de la agitación política de 1960, consistió en la presentación de Castaneda y don Juan. La descripción de su primer encuentro en 1960. Introducción de algunos de los amigos y familiares de Matus. La instrucción de Matus en el creciente uso de las 'plantas de poder' – el peyote, la datura y los hongos – también fur explicado. La decisión de don Juan de adoptar a Castaneda como aprendiz, pero cinco años más tarde ante el temor de estar perdiendo la cordura. Castaneda abandona México en 1965.

LIBRO 2: *Una Realidad Aparte: Más Conversaciones con Don Juan* (1971)

SINOPSIS: La diferencia entre ver y mirar. Los bailes de Sacateca. Los chicos en el exterior del restaurante. Don Vicente, tres personas en un coche y un regalo perdido. Aliados. Mitote. Bacanora para Lucio. El encuentro con Eligio. El pensamiento. Ver la muerte del hijo de don Juan, Eulalio. El encuentro con don Genaro. Néstor y Pablito, sus aprendices. Don Genaro en la cascada. El guardián Gnat del otro mundo. Los padres de don Juan. La promesa de Castaneda al niño de la 'nariz abotonada'. El benefactor de don Juan no puede ver. El espíritu de un agujero del agua. Niebla verde y burbujas. Viajando por el agua. Fumarse a un aliado. La Catalina. Escudos. Agujeros en los sonidos. Un combate de poder. Tras los pasos de don Genaro.

RESUMEN: Castaneda regresa a México en 1968 y reinicia su relación con don Juan. Conoce a don Genaro, el compinche de Matus, y comienza a describir el largo aprendizaje por el desierto. Se introduce la paradoja de la conciencia basada en el imperativo de protegernos contra inexplicables fuerzas del universo. Si es todo lo que hacemos, perdemos nuestro derecho humano a ser perceptores capaces de hacer magia. Se explica y demuestra la diferencia entre mirar y ver.

Libro 3: Viaje a Ixtlán: Las Lecciones de Don Juan (1972)

SINOPSIS: Don Juan explica cómo parar el mundo. Acuerdos. Construir una niebla alrededor de uno. La forma correcta de pasear. Un presagio. Hablar a las plantas. El halcón blanco. La muerte como consejera. Ser responsables. El padre de Castaneda. Los cazadores. *'Por supuesto somos iguales.'* Estar disponible y no disponible. Dejar de ser una presa. El ciervo mágico. El último acto en la tierra. El conejo atrapado. Ser accesible al poder. El soñar. Ser enterrado. Atrapar a un león de montaña. Control y abandono. Un relámpago en la niebla. La caverna. El puente en la niebla. La danza del anochecer en la cima de una colina. Las entidades de la noche. Sombras. Cuatro guerreros hacen un anillo de fuego. La Catalina. Don Genaro hace desaparecer el coche de

Castaneda. Parando el mundo y hablando a un coyote. Don Genaro en la carretera hacia Ixtlán.

RESUMEN: Don Juan no utilizó más las 'plantas de poder' para ayudar a Castaneda. Ahora la conciencia de Castaneda estaba abierta y sus escudos derribados; debía aprender a vivir como un guerrero para poder explorar lo desconocido mientras se protegía a sí mismo de sus asaltos. Castaneda aprende a borrar su historia personal, a perder su propia importancia; aprende sobre la muerte como consejera, a asumir responsabilidad, a ser un cazador y alguien inaccesible, a interrumpir las rutinas de la vida, la última batalla en la tierra, a ser accesible al poder y al estado de ánimo de un guerrero. El sueño se presenta como la forma más segura de expandir la conciencia.

Libro 4: Relatos de Poder (1974)

SINOPSIS: Don Juan explica la importancia del poder personal. Una polilla en los arbustos. La llamada a 48 amigos. Don Genaro. El doble. En dos lugares a la vez. El doble intenta orinar. La historia del doble de don Genaro. El doble sueña el yo. Genaro llama al aliado. Los ocho puntos de fibras luminosas -dos epicentros: la razón y la voluntad-. Don Juan en traje y corbata. Tener que creer. Max el gato. Un hombre moribundo en el Parque Alameda, Ciudad de México. El tonal y el nagual. Objetos sobre la mesa. Mirando a los tonales. Don Juan empuja a Castaneda hacia la oficina de la aerolínea. Genaro vuela entre los árboles. Pablito, Néstor y Genaro. Explicando la estrategia del profesor. La burbuja de la percepción. Reflexión en los muros. Práctica del salto. El encuentro de los cuatro aliados: el rectángulo negro, el coyote gigante, el hombre delgado y el jaguar negro. Lanzado hacia arriba y hacia abajo. La explicación de los hechiceros. El salto desde el acantilado.

RESUMEN: Castaneda aprende a encontrar su otro yo, su doble. Le explican en qué consiste el doble y cómo existe debido a nuestro proceso de percepción de dos pasos. El doble se encuentra en el sueño y aprendemos entonces en qué consiste ese doble que sueña con nosotros – este es el misterio del soñador y lo soñado-. Se explican los ocho puntos de nuestro ser y cómo usamos normalmente sólo dos de ellos. También se introducen el tonal y el nagual como lo conocido y desconocido, la isla de lo conocido y lo desconocido. Se ofrece la explicación de los hechiceros y cómo acontecieron los eventos sobre la alta meseta en 1973, cuando Castaneda saltó desde el acantilado.

LIBRO 5: *El Segundo Anillo de Poder* (1977)

SINOPSIS: Castaneda conduce por la nueva carretera de Pablito. El piso nuevo de doña Soledad. El perro en el coche. El toque del doble. Llegan las 'hermanitas', Lidia, Josefina, La Gorda y Rosa. El doble golpea a Rosa. Curando a Rosa y a Soledad. El doble sale de nuevo y entra La Gorda. En la caverna. La llamada a los aliados. La forma humana. Los 'Genaros' – Pablito, Nestor, Benigno y Eligio. Los Toltecas. La silla de Pablito. La discusión de sus cuatro saltos. El Arte de ensoñar. Los niños y la enterza. La representación de las 'hermanitas'. El regalo de Josefina. Los recuerdos de Castaneda. La segunda atención. Tonal y nagual. Mirando. Dos caras.

RESUMEN: Castaneda regresa a México buscando una explicación. En vez de eso, se pierde en una lucha por el poder contra los aprendices. Se presentan los 'Genaros' y las 'hermanitas'. Castaneda hiere y cura a tres de ellos pero éstos descubren que Castaneda no puede dirigirles. Castaneda ve por primera vez.

Libro 6: *El Don del Águila* (1981)

SINOPSIS: Castaneda visita las pirámides de Tula. Los objetos de fijación de la segunda atención de los antiguos hechiceros. La búsqueda de Matus y Genaro Flores. Soñando y viendo junto a La Gorda. El tigre dientes de sable. Los aprendices enfrentados se dirigen a la ciudad. La casa de Silvio Manuel. Cruzando el puente. Un muro de niebla. Yendo por caminos separados. Castaneda pierde la forma humana en Los Ángeles. Recordando a la mujer nagual. ¿Quién dirige a Castaneda, Juan Matus o Silvio Manuel? El paisaje estéril de las dunas de sulfuro. Limbo. Recordando los movimientos entre la primera y la segunda atención. La regla del nagual. Cuatro tipos de hombres y cuatro de mujeres. Julián lleva a don Juan a la iglesia. El noviazgo de don Juan y Olinda. La fiesta de don Juan de los 16 guerreros. La fiesta de Castaneda de los ocho guerreros. Castaneda y la Gorda rompen la regla. Silvio Manuel intenta ayudar. Castaneda pierde la energía y entonces revive. Florinda y Celestino. El voto de Castaneda con doña Soledad. La serpiente emplumada.

RESUMEN: Los aprendices rompen y se marchan por caminos separados. Castaneda y La Gorda trabajan juntos, aprenden cómo recordar al otro yo y cómo avanzar y retroceder entre la primera y segunda atención.

Sueñan juntos y descubren recuerdos compartidos en la segunda atención. El método de enseñanza utilizado para llegar a la totalidad del ser consiste en aprender a moverse desde la primera a la segunda atención. Castaneda recuerda y comienza a contar el relato de los antiguos hechiceros de México, los Toltecas. Se definen los nuevos videntes con su nueva versión de la religión Tolteca. Se explican los recuerdos de nuestra luminosidad.

Libro 7: El Fuego Interno (1984)

SINOPSIS: Se discute una agudizada conciencia y recuerdo. Los videntes toltecas. Los linajes de los videntes comienzan alrededor de 1600 AD. El linaje de don Juan estaba formado por 14 naguals y 126 videntes. Comienza de nuevo en 1723; los ocho naguals siguientes eran diferentes de los seis anteriores. Tiranos insignificantes. Don Juan y el capataz. El águila y sus emanaciones. La energía sexual. El inventario. Los seres inorgánicos. El espejo en el agua. El golpe del nagual. La forma del capullo. Corriendo con La Catalina. La maestría de la conciencia. Julián y sus cambios. Ver gente y el vaso. Sebastián y el retador de la muerte. Los cuatro videntes y su corte. El molde del hombre.

RESUMEN: Ahora se explican las enseñanzas del lado derecho e izquierdo y se presentan los 16 hechiceros de Matus. También se describe la maestría de la conciencia, la suma de las enseñanzas de don Juan; la aglomeración de los campos de energía, la esfera luminosa y el punto de ensamblaje donde se ajusta la percepción. Se explican el águila y la intención del universo, donde la percepción ordena otros mundos y seres en las posiciones del punto de ensamblaje. Se describe el molde del hombre y su importancia. Se observan las formas de la muerte, incluyendo la quema desde dentro. Y Castaneda describe cómo el águila nos presta atención y se come nuestra mejorada conciencia cuando morimos.

Libro 8: *El Silencio Interno* (1987)

SINOPSIS: El profesor de Matus, Julián, y su profesor Elías. Julián el actor trágico. Engañando a don Juan. El encuentro con Vicente Medrano y Silvio Manuel. Viendo las emanaciones. El lugar sin piedad. Don Juan abandona la casa nagual y tiene una familia. Don Juan muere y vuelve a la casa de Julián. Acosado por un jaguar. Volviéndose gigantesco. Aquí y aquí. Julián empuja a don Juan al río. Dos puentes de una dirección. Tulio.

RESUMEN: El silencio significa el cese del diálogo interno; el conocimiento silente versus el conocimiento del lenguaje y la razón. Existen dos partes en nuestro ser: la parte silente -vieja, cómoda y conectada-; y la parte moderna racional -luminosa, nerviosa y rápida-. El hombre antiguo estaba gobernado por el conocimiento silente y aquella era duró mucho más que la nuestra. El desarrollo del ser individual y el lenguaje llevó a una excesiva preocupación de uno mismo. Hay dos puntos -el conocimiento silente y la razón- con dos puentes de una dirección entre ellos. El punto de ensamblaje los convierte en islas solitarias de percepciones.

LIBRO 9: *El Arte de Ensoñar* (1993)
SINOPSIS: Introducción de Carol Tiggs, Florinda Grau y Taisha Abelar. Los antiguos hechiceros cambiaban frecuentemente su forma de energía humana. Don Juan lleva a Castaneda a una ciudad de este mundo. Interacción con seres inorgánicos. Las relaciones de dependencia molesta. Los encuentros secretos con los inorgánicos. El emisario del sueño y su consejo. Los exploradores y los túneles. Elías y Amalia. Una puerta llamada sueños. 'Nadie quiere marcharse.' La pequeña niña triste. Sobreviviendo a un encuentro mortal. La recapitulación antes de la tercera puerta. Atacado en una calle de Tucson. El mundo es una cebolla. La conciencia es un elemento. La cita con el inquilino. Masculino y femenino son posiciones del punto de ensamblaje. La mujer de la iglesia. Gritando en la segunda atención. Carol pierde su ceceo. Carol se marcha.

RESUMEN: Soñar es la única forma de desplazar armoniosamente el punto de ensamblaje. Es también la faceta más peligrosa de la hechicería. La primera puerta del sueño consiste en ser consciente de caer dormido para después mantener estable ese sueño. Soñar la atención es la parte preliminar de la segunda atención, como el río que lleva al mar, que es la segunda atención completa. Matus explica el cuerpo de energía. Soñar es una calle de dos vías, una escotilla entre mundos llenos de exploradores de otros reinos. La segunda puerta del sueño radica en cambiar mundos dentro de un sueño o seguir a un explorador. Castaneda encuentra a otros seres que comparten la tierra con nosotros. Se explican los seres inorgánicos y su rol histórico en el sueño. Ellos ayudan a los soñadores y tienen su atractivo. Los hechiceros antiguos terminaron en su reino. Castaneda muerde el anzuelo, le capturan y le rescatan después. Más tarde, Castaneda se encuentra a la mujer de la iglesia, la retadora de la muerte.

Libro 10: *Pases Mágicos* (1998)
SINOPSIS: Castaneda se traslada a Los Ángeles con sus tres cohortes femeninas, Tiggs, Grau y Abelar. Hay seis centros de vitalidad en el cuerpo humano. Uno ha sido tomado por un invasor, un depredador invisible.
RESUMEN: Castaneda está ahora viviendo en Los Ángeles con sus tres cohortes femeninas como líder de una nueva y moderna empresa de hechicería. Presenta los pases mágicos, que fueron descubiertos por los hechiceros antiguos y constituyen una parte integral de su aprendizaje. Castaneda los hace disponibles para todos.

Libro 11: La Rueda del Tempo (1998)
SINOPSIS: El significado del tiempo. Recordando las palabras de don Juan.
RESUMEN: Pasajes de libros anteriores

Libro 12: *El Lado Activo del Infinito* (1999)
SINOPSIS: Castaneda se encuentra con Madame Ludmilla. Bill deja a Castaneda en la terminal de autobúses de Greyhound. Jorge Campos y Lucas Coronado. Vitaminol, la cura para todo. La llamada del psiquiatra. Pete y Patricia. Rodrigo Cummings se dirige a Nueva

York. El Gran Garrick. Don Juan se va a LA. El profesor Lorca. Patricia y Sandra. UCLA. El trato de Falelo Quiroga. Atrapando a un buitre vivo, jugando al billar y haciendo rafting por el río. Luigi Palma. Alfredo, Luis y Carlos. Visitando a los Yaquis. La tía que pasea en la noche. Ernest Lipton y su Volkswagen. Viendo a través de nuestras vidas. El 'volador'. Los humanos se crían como pollos y se guardan en gallineros humanos. Leandro Acosta. Sho Velez. Antoine. El café del barco.

RESUMEN: Castaneda describe su infancia con su abuelo, su estancia en la granja y la ciudad. Se presenta y describe al 'volador', junto a su abuela y su querido Antoine, el plagiario.

REFERENCIAS

Abelar, Taisha. 1992. Donde Cruzan los Brujos (*The Sorcerers' Crossing: A Woman's Journey*)

Donner, Florinda. 1991. Ser en el Ensueño (*Being-in-Dreaming: An Initiation into the Sorcerers' World*)

ACERCA DEL AUTOR

foto de Sulastri

Peter Luce fue maestro de escuela en Filadelfia y luego trabajó durante 30 años en el negocio de la joyería entre Bali y Nueva York. Ahora vive en Indonesia.

para más información
www.gettingcastaneda.com
peterluce@gettingcastaneda.com

www.ingramcontent.com/pod-product-compliance
Lightning Source LLC
Chambersburg PA
CBHW021124300426
44113CB00006B/281